WENWENG DAJIANGTANG

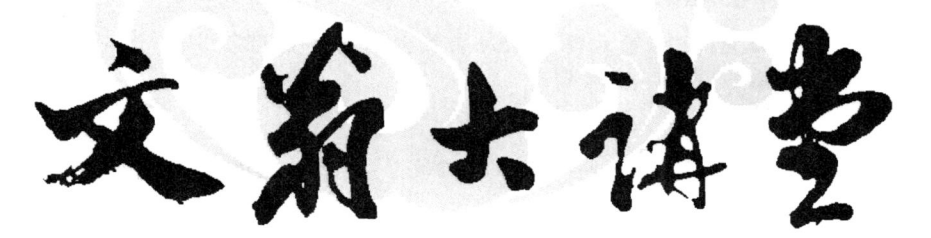

文翁大讲堂

第六辑

成都市教育局　编

四川民族出版社

图书在版编目（CIP）数据

文翁大讲堂. 第六辑 / 成都市教育局编. —成都：四川民族出版社，2021.12
ISBN 978-7-5733-0206-9

Ⅰ.①文… Ⅱ.①成… Ⅲ.①基础教育—中国—文集 Ⅳ.①G639.2-53

中国版本图书馆 CIP 数据核字（2021）第 231330 号

文翁大讲堂·第六辑
WENWENG DAJIANGTANG·DILIUJI

成都市教育局　编

出 版 人	泽仁扎西
责任编辑	陈　晔
责任印制	谢孟豪
出　　版	四川民族出版社(四川省成都市青羊区敬业路108号)
邮政编码	610091
设计制作	成都圣立文化传播有限公司
印　　刷	四川立杨彩色印务有限公司
成品尺寸	170mm × 240mm
印　　张	13.5
字　　数	250 千
版　　次	2021 年 12 月第 1 版
印　　次	2022 年 1 月第 1 次印刷
书　　号	ISBN 978-7-5733-0206-9
定　　价	58.00 元

著作权所有·侵权必究

编者的话（代前言）

在构建"一干多支、五区协同"的区域发展新格局理念指导下，在全市教育人的全力支持和共同努力下，"文翁大讲堂"已经走过了10个年头。这里面既包含国内外顶尖专家学者对教育、科技、文化、经济与社会发展高端与多元的见解，又包含巴蜀教育人对教育发展的践行、创见、前瞻的情怀与希冀，在巴蜀大地留下教育发展探索的深刻记忆和美好痕迹。

2019年的"文翁大讲堂"依然由成都市教育局主管，成都市教育科学研究院主办，四川西部教育研究院承办。在承接前几年"大讲堂"经验和成果的基础上，强调跨界，成为跨地域、跨行业、跨学科，既面向教育又超越教育的思想盛宴。专家团队实力强大、高度敬业、充满亲和力，讲堂形式多样、风格各异，讲座理论与实践并重，报告与互动同美，受到普遍欢迎和广泛好评。特邀部分校长、教研员、老师、家长等代表与主讲专家现场交流、互动，进行思想碰撞，反响尤为热烈。每堂讲座结束后的课后反馈文章也得到各方支持。除成都市基础教育领域外，"大讲堂"的影响力还辐射到雅安、德阳、绵阳、内江、眉山、遂宁、攀枝花等区域。

自2011年举办以来，"文翁大讲堂"一直坚持深入贯彻落实党的教育方针。进入新时期以来，始终坚持以党的十八大和十九大精神为指导思想，充分发挥教育名家和社会各界知名人士对成都市教育教学改革、教师队伍建设、家庭与社区教育等的高度引领作用，让广大学校共享国内外名家资源。"文翁大讲堂"现已成为成都教育界思想汇流激荡之地，多元文化交流之地，智慧火花闪烁之地，"百花齐放，百家争鸣"的思想论坛再现之地。通过"文翁大讲堂"进行思想碰撞，点燃了全社会的教育热情，传递了教育智慧与正能量，在全市教师、教研和教育管理队伍中营造了求知若渴、探究好学的教育氛围和追求卓越、完善自我的职业精神，为全社会营造"关心、理解、尊重、支持、奉献"的教育氛围起到了良好的推动作用，为加快推进成都教育综合改革，促进教育优质均衡健康发展，建设学习型社会和现代化幸福智慧成都做出了应有贡献。之所以取得这些成果，主要得益于以下4点：

1. 坚持"高端、前沿、多元、实用"原则。以"成都特色、引领西部、全国一流"为基本目标，聚集国内外最优秀的专家、荟萃最卓越的人才、传递最前沿的信息、传播最先进的文化，成为跨地域、跨行业、跨学科，既面向教育又面向社会的教育品牌，提升境界、开阔视野、启迪智慧、造就大家、培养人才、引领社会，为培养一大批名校长、名教师，建设高素质专业化校长、教师队伍，为实现成都教育改革新突破、教育开放新格局、教育跨越新境界做出了应有贡献。

2. 力求健全完善机制。建立基于教育名家和社会各界知名人士高端引领下的教育管理队伍和骨干教师队伍专业发展的实施机制，通过"文翁大讲堂"的教育形式，有效提升广大学校领导、骨干教师、教学研究人员和教育管理人员的理论水平、专业技能以及课程与教学的规划能力、实施和领导能力等综合素质。同时，促使广大教育工作者及时了解国内外政治、经济、科技、文化等发展的新形势及其相关理论知识和独到前沿见解等，进而拓宽思路、开阔境界，进一步激活教育教学的实践力和创造力。

3. 努力打造形成品牌。利用"文翁大讲堂"在教育和社会上的时空辐射影响力及实践育人效果，通过成都市教育局网站及公众网络、媒体平台、相关出版物，建设好"文翁大讲堂"专栏及反馈信息。不断加大"文翁大讲堂"资源库建设，充分发挥其对全市教育教学的持续推动作用，使之成为具有深刻影响力的有效品牌和载体。

4. 2019年"文翁大讲堂"首场报告于3月29日在石室中学北湖校区举行，中国著名经济学家、化学家、金融投资专家、澳门城市大学特聘教授温元凯先生隆重开讲，拉开了讲堂的帷幕。12月26日举办最后一场，由教育部关心下一代工作委员会常务副主任、中国家庭教育学会副会长傅国亮先生完美收官。"文翁大讲堂"全年6场专题报告，重点在教育领域，共有3场聚焦在教育领域，3场围绕教育又跳出教育看教育，涉及经济、国际视野、家庭文化等。邀请作专题报告的专家老中青结合，既有温元凯、严文蕃、傅国亮、孙霄兵等国内外颇具影响力的资深专家，也有桂贤娣等国内一线教育名师，还有李明康、王成川、周艳、张平等援藏支教的优秀中青年干部与教师；讲座内容既各学科各领域结合，突出教育核心，又涉及多个学科领域，精英荟萃，堪称阵容豪华强大。

"文翁大讲堂"按照新时代对教育的新要求，做出了成功卓越的探索，2020年将继续从成都区域教育、学校、教师和家长、学生实际需求出发，继续按照高端引领、思想激荡的定位出发，规范组织、周密安排，继续服务于全市教育改革与发展的大局。

成都市教育局
成都市教育科学研究院

目 录 CONTENTS

·第一期·

002 | 全球金融前瞻和中国经济新格局
　　　——中国经济教育创新面临的挑战·未来学思考：2049年的中国　／温元凯

·第二期·

011 | 做有德行有智慧的教育人　　　　　　　　　　　　　　　　／桂贤娣

·第三期·

021 | 美国教育改革分析：中美比较的视角　　　　　　　　　　　／严文蕃

·第四期·

032 | 我国基础教育70年的成就与政策　　　　　　　　　　　　　／孙霄兵

·第五期（报告团）·

050 | 用真心扶贫　用真情答卷　　　　　　　　　　　　　　　　／李明康
051 | 两年援藏心，半世雪域情　　　　　　　　　　　　　　　　／王成川
060 | 时短情长，难忘支教　　　　　　　　　　　　　　　　　　／周　艳
067 | 两次援藏　一生无悔　　　　　　　　　　　　　　　　　　／张　平

·第六期·

075 | 新时代家庭教育的新要求与新举措　　　　　　　　　　　　／傅国亮

·听后感·

·第一期·

091 | 听温元凯教授"全球金融前瞻和中国经济新格局"有感 / 叶怀波
094 | 转型新教育　培育新人才——关于互联网教育的随想 / 苏　莉
098 | 中国当下教育创新面临的挑战 / 黄　超
101 | 未来教育的跨界和创新——观2019年"文翁大讲堂"有感 / 陶思君
103 | 对未来教育的思考——听温元凯教授讲课有感 / 陈　可

·第二期·

106 | 桂贤娣老师报告中的四个"三" / 赵清芳
109 | "慧"爱于行
　　　——听"文翁大讲堂"桂贤娣老师的专题报告有感 / 巫晓翠
112 | 德行为先　智慧育人
　　　——听《做有德行有智慧的教育人》报告有感 / 万　莉
115 | 做新时代有德有智的教育人 / 尹　洪
117 | 以德为先　用爱护苗——桂贤娣老师专题报告观后感 / 邹　佳
120 | 因生施爱，慧爱学生
　　　——聆听《做有德行有智慧的教育人》讲座有感 / 李　萍
123 | 用一颗心守护另一颗心 / 袁丽霞
126 | 做学生心中精明的领路人
　　　——观《做有德行有智慧的教育人》有感 / 魏　婷

· 第三期 ·

130	中小学开展生涯规划教育的几点思考	/ 卢德彬
134	面向未来挑战，如何在卓越与公平中权衡	
	——观《美国教育改革分析：中美比较的视角》报告心得	/ 万志强
137	办"生至如归"的学校	/ 陈龙泉
139	《美国教育改革分析：中美比较的视角》的启示	/ 刘晓霞
142	教育将走向哪里	
	——观严文蕃教授谈比较中美教育改革有感	/ 陈慕容
144	面向未来挑战的教育改革	/ 连　芹
147	分析　评判　借鉴——美国教育改革分析：中美比较的视角	/ 文　晨

· 第四期 ·

151	《我国基础教育70年的成就与政策》心得体会	/ 王　凤
153	"新教育公平"对教师提出新要求	/ 左　琪
156	今天，我们做新时代基础教育的践行者	
	——听孙霄兵《我国基础教育70年的成就与政策》有感	/ 杨　娜
158	看《我国基础教育70年的成就与政策》有感	/ 任南洋
160	《我国基础教育70年的成就与政策》之心得体会	/ 顾　贞
162	守"双基"，谋创新	
	——听讲座《我国基础教育70年的成就与政策》有感	/ 何　娟

·第五期·

165 | 支教回声 / 何　锋

167 | 用青春奋斗书写使命担当
　　　——听"成都市优秀援藏干部人才事迹教育专场报告会"有感 / 王阳勋

170 | 真心真情　感慨感动
　　　——聆听"成都市优秀援藏干部人才事迹教育专场报告会"所感所悟 / 余晓琴

173 | 爱是一把火，汇作满天星 / 韩　炼

176 | 以梦为马，谱写教育芳华
　　　——听"成都市优秀援藏干部人才事迹教育专场报告会"有感 / 刘小韵

179 | 您的泪水是我一生的惦念 / 罗顺利

181 | 教育公平，成都教育人一直在努力 / 郭春利

183 | 真心援藏，圆梦雪域 / 张　逊

·第六期·

187 | 关于学校实施家庭教育指导的思考 / 田　间

190 | 家庭教育应增强公民素养教育和增设国家大学课程
　　　——听傅国亮《新时代家庭教育的新要求与新举措》有感 / 赖　玲

193 | 发挥课程功能，助力家庭教育，形成家校合力 / 黎明生

196 | 以爱之名，塑造美好人格
　　　——我心中新时代家庭教育的重中之重 / 彭华兰

199 | 农村家庭教育现状分析 / 邓　容

202 | 春风再美也比不上沟通的微笑
　　　——听傅国亮主任主题报告《新时代家庭教育的新要求与新举措》有感 / 佘谨乘

· 第一期 ·

　　温元凯，中国著名经济学家、化学家、金融投资专家，澳门城市大学特聘教授，亚洲投资论坛董事，中科林德投资管理（北京）有限公司董事长，北京南洋林德顾问有限公司董事长，北京南洋林德管理培训中心董事长，亚洲资本论坛董事，西亚斯国际工商管理学院名誉院长。

全球金融前瞻和中国经济新格局

——中国经济教育创新面临的挑战·未来学思考：2049年的中国

温元凯

（文章根据讲座录音整理）

尊敬的成都市教育局、教育科学研究院的各位领导，尊敬的各位教育同人：

大家上午好！

非常开心来到有着深厚文化底蕴的石室中学跟大家一起交流。今天两个小时的时间，我主要想讲以下三个话题：一、全球金融前瞻和中国经济新格局——中国财富的下一个风口在哪里；二、世界工厂的演变；三、对未来中国科技的几点想法。

一、全球金融前瞻和中国经济新格局——中国财富的下一个风口在哪里

1. 经济的发展面临着非常大的挑战，走出了"L"形。

"L"形有继续下行的趋势，所以我们现在说经济下行的压力很大。当然，所有的中国人都希望经济能走出"U"形。那么，"L"形走成"U"形的关键条件，我认为有三点：第一，中国进一步深化改革开放；第二，中国的创新驱动；第三，中国的"一带一路"给中国带来真正的红利。

2. 创新驱动，现在仍然是不够的。

十九大上，习主席提出"中国经济新时代"。如果我们读懂了这句话，

新的商机、新的创新、新的发展机会就会纷纷而来。因为我国的主要矛盾已经转变为人民日益增长的美好生活需要和不平衡不充分的发展之间的矛盾。

教育同样如此。未来发展会巨大转型，我们即将迎来大消费时代。而消费会更多地表现在文化、娱乐、教育方面，我们将迎接"大健康时代"的到来，"大教育时代"的到来，"大金融时代"的到来。目前，"互联网+"经济、共享经济是中国经济新的成长动力，但这些动力还远远不够。

3. 中国的消费升级正在推动中国经济前进。

2018年，国庆黄金周期间接待国内游客7.26亿人次，零售餐饮销售超万亿；2018年，淘宝"双11"一天销售额达2135亿元；2014年7月，余额宝的用户超过1亿人，规模超过5700亿元；2010年，中国汽车销售世界第一，有1806.19万辆，2018年产销分别完成2780.9万辆和2808.1万辆；中国高铁领先世界，俄罗斯、印度、泰国、美国等国都要从中国购买高铁……以上数据表明，中国的消费升级正在推动中国经济前进。

4. 简要回顾一下中国改革开放40年的大历程。

1977年8月4—8日，邓小平主持召开了科学和教育工作座谈会。我当时还是一个小助教，有幸向邓小平提出恢复高考和派留学生出国的建议，被邓小平当场采纳和表扬。我当时提出16个字："自愿报考，领导批准，严格考试，择优录取"。邓小平听完后说："你说的至少采用3/4，领导批准可以去掉，考大学是每个人的自由。"当时就有代表借机提问："今年恢复高考行不行？"当时的教育部部长还有点保守，说工农兵推荐的文件已经下发到全国各省。邓小平当时就回复："收回！我们推迟几个月，今年就恢复高考，否则又要耽误一年。"当时所有的参会代表，就连人民大会堂端水的女孩子都情不自禁地站起来鼓掌，掌声持续了5分钟之久。我们这一代人有幸看到了新时代来临的时刻。

那时候，改革是非常艰难的，但是事实证明，改革开放对全世界都产生了巨大的影响。

1978年，万里在安徽支持凤阳县小岗村农民分田到户，"大包干"得到邓小平支持。农村生产力开始解放，粮食大幅增产。1979年，我有幸受万里邀请，在合肥稻香村宾馆为万里和安徽省厅局以上领导干部讲授《世界新技术革命浪潮：材料科学》，受到万里欣赏表扬。1983年，我在中国科技大学推动主持科教体制改革，直接受到万里批示支持。

1978年，胡耀邦用南京大学讲师胡福明文章《实践是检验真理的唯一标准》展开全党大讨论，兴起一场思想解放运动。全国兴起下海创业浪潮，下海经商，创业当老板，兴办私营企业、民营企业、乡镇企业成风。1978年，邓小平支持安徽芜湖农民个体户"傻子瓜子"年广久创业。从改革开放的角度来讲，年广久属于"先驱"人物，是不吃"国家粮"的个体户，是创业致富的先锋，炒瓜子能够成为"百万富翁"。在他的带领下，20世纪80年代的中国开启了浩浩荡荡的下海经商潮。这就是"让一部分人先富起来"，通过创造财富，带动其他人富起来。所以改革开放40年中，留下了他的名字。

1978年，邓小平表示"允许一部分地区、企业、工人农民生活先好起来"，打开了中国财富阀门。"财富""致富""富人"慢慢在中国从负面转向正面，成为人人希望之事。

1979年，党中央、国务院决定在深圳试办经济特区，吸引外商到中国投资。今天我们看到，深圳是全国经济最发达的地区，是全国年轻人财富最多的地区，是全国经济发展的标杆。这就是开放的重要性，引进外资的重要性。

1980年，中国开始发展股票，后成立上海证券交易所、股份制企业、开放资本市场。很多企业争相上市，炒股成为新的致富渠道，上市公司成为中国企业的标杆。

1984年，邓小平在李政道陪同下参观中国科学院高能物理所，提出发展高新科技产业。从中关村电子一条街开始，到燕郊高新技术产业开发区，再到全国建成55个高新区。高新科技开发区、科学工业园区和孵化器遍地开花，高新科技产业对工业发展贡献率超过50%，成为产业发展主要动力。

1992年，邓小平南方谈话肯定了改革开放势头。

2001年，中国加入WTO。从"狼来了"到2013年中国进出口贸易总值首次突破4万亿美元，中国不再视世界规则如洪水猛兽，中国要进一步融入世界。

2008年，中国举办奥运会，向世界展示了中国的崛起。

2010年5月1日,上海世博会正式开园,这是我国首次举办的综合性世界博览会,进一步展示了中国愿意融入世界大家庭,发挥大国的责任和义务。

十八大,习近平主席提出复兴中华民族的"中国梦"。十九大,习近平主席引导走向"中国经济新时代"。中国正在从站起来、富起来走向强起来。

1978—2017年,中国的改革开放取得了举世瞩目的成就,中国成为全球第二大经济体,第一大工业国,第一大货物贸易国,第一大外汇储备国。"新四大发明"向世界展示了中国进一步崛起的活力和引领世界的潜力。但是,我认为要多看到一点我们还存在的问题和危机,多谈一些我们和世界先进水平的差距,多一些对未来发展的忧虑和紧迫感,如此,我们就会少犯错误少走弯路,我们就会进步发展得更好!

5. 目前中国经济和企业的人才挑战和危机仍存在,尤其是高端人才非常匮乏。

2005年,温家宝总理在看望钱学森的时候,钱老感慨地说:"这么多年培养的学生,还没有哪一个的学术成就,能够跟民国时期培养的大师相比。"钱老又发问:"为什么我们的学校总是培养不出杰出的人才?"我们现在需要改革教育目标与体制,大学要去行政化,学校体制的改革,孵化器建设,大学应去功利化。

二、世界工厂的演变

1. 16世纪——葡萄牙、西班牙。恩里克王子、伊莎贝尔女王、股份制公司和股票市场。

葡萄牙的崛起源于穷则思变。爱冒险的天性,对财富的巨大渴望和强烈的宗教热情,促使葡萄牙人开启了航海时代,开始了香料贸易,创造了蓝色文明。恩里克王子是发现海上之路的英雄,他的一生都献给了航海,建立了人类世界第一所国立航海学校、天文台、图书馆。15世纪,葡萄牙的迪亚士船长发现了好望角,达·伽马开辟了海上丝绸之路。葡萄牙的航海时代,沿着非洲西海岸一路向南,大量的黄金、象牙、非洲胡椒源源不断地涌进里斯本，充实了葡萄牙的国库。

同时代的中国，也有郑和下西洋的壮举。当时郑和到达非洲，甚至美洲，但是也仅仅到此为止。

葡萄牙、西班牙的崛起刺激了北欧一个小小的国家——荷兰。

17世纪，荷兰靠商业立国，进行商业创新。荷兰诞生了世界上第一支股票，东印度股份公司是世界上第一家股份公司，就连女王的女仆都可以成为股东。荷兰成立了世界上第一家进行股票交易的证券交易所——阿姆斯特丹证券交易所。1609年，荷兰成立了世界上第一家商业银行。荷兰的东印度公司有15000个据点，10000艘商船，当时几乎控制了全世界一半以上的经济贸易，在印尼、好望角、中国台湾、日本、巴西、美国纽约等地都有殖民地。

2. 18世纪世界工厂（第一次世界工厂）——英国。瓦特发明改良蒸汽机，开启工业革命，有了机器、火车、轮船、坚船利炮。

1580年，普利茅斯人德雷克成为世界上第一个亲自完成环球航行的人。三年的航行，满载而归的德雷克给投资者带来了4700倍的利润。作为资助者和投资人之一，英国女皇伊丽莎白一世分到了16.3万英镑的红利，相当于当时政府一年的支出。

英国的《大宪章》前前后后总共颁布超过40次，将契约和法制的基本精神注入英国人的思想根基。1689年《权利法案》的通过，英国正式确立了议会高于王权的政治原则，并在以后的几十年里逐步成为君主立宪制国家。

瓦特发明改良蒸汽机，工业革命开始。随着机器、火车、轮船、坚船利炮的出现，英国成为世界上第一个工业化国家，第一个世界工厂，开创了影响深远的自由主义经济模式。一个地跨全球的"日不落帝国"，在18—19世纪中期引领世界的发展。晚年的瓦特，生活富庶，但是瓦特财富的主要来源，不是制造蒸汽机的工厂，而是被广泛转让的高效能蒸汽机的发明专利。

250年前，英国对知识产权的保护和奖励，使得几乎所有人都陷入对新技术、新发明的狂热崇拜之中。牛顿三大定律，使得人类开始认识自然，探索宇宙。从近代科学的角度看，正是牛顿开启了工业革命的大门。

3. 20世纪初世界工厂（第二次世界工厂）——德国。威廉大帝、铁血宰相俾斯麦的变革，本茨、戴姆勒发明汽车，化学工业制药，武器的制造。

经历卓越政治家俾斯麦的改革，德国崭露头角，开始高度重视对国民素质的培养，并以此作为国家振兴的基础。当普鲁士还在向拿破仑支付巨额的战争赔款时，柏林洪堡大学就诞生了。国王拿出了最后一点家底，并把豪华的王子宫殿献出来作为大学的校舍。与此同时，他还接受了大学提出的一个要求——国家必须对教学和科研活动给予物质支持，但是不得干涉教育和学术活动。在德国的现代化过程中，教育、科学、大学都发挥了重要作用。

伟大的哥廷根大学孕育了量子力学和哥本哈根学派。从1851—1900年，在重大科技革新和发明创造方面，德国获得的成果达到202项，超过英法两国的总和，居世界第二位。

4. 二战后世界工厂（第三次世界工厂）——美国。原子弹，美元成为西方货币基准。

5. 20世纪70年代世界工厂（第四次世界工厂）——日本。原子弹，美元成为西方货币基准。

6. 21世纪世界工厂（第五次世界工厂）——中国。从中国制造到中国创造。

三、对未来中国科技的几点想法

未来的中国应该加快推进争取世界领先的几个领域：

（1）受控核聚变发电

海水提取氘和氚发电，1升海水可提取的氘和氚产生的聚变能源相当于300公升汽油，可永远解决人类能源短缺忧虑。

（2）新农业革命

垂直农业：高楼种植粮食、蔬菜、瓜果、花木，永远解决人类土地资源、吃饭难题。基因高产作物：年产几万公斤的薯瓜，高产、可口，制成各种主食品，永远解决世界人口、粮食、饥荒问题。

（3）分子设计

化学发展已经进入计算机辅助分子设计、药物材料设计、农药设计、分子设计。人类进一步设计出塑料、人造纤维、人造橡胶、人造碳纤维等更加先进实用的各种新物质、新材料、新药物、新能源，来改造美化明天的生活。

（4）未来城市

未来城市一定是家家花园式住宅，舒适、交通便捷、环保，低排放甚至零排放。

（5）未来海陆空交通工具

太阳能飞机、汽车，海陆空三通。出现个人飞行器、洲际飞行器。

（6）未来通信工具

5年后，三维全息虚拟技术正式大规模商用，人们可以通过VR、AR技术进行远程交流、网络购物，视频通话已经过时。儿童、老人可以足不出户观看比赛，仿佛身在其中。

（7）未来的交通出行

15年后Hyperloop正式建成。Hyperloop是一种快速交通，可以在低压管道中运送乘客，时速达每小时1126千米。

20年后升级版Hyperloop建成。由于运行空间真空，没有摩擦力，最高可能达到每小时6500千米。这样算下来。从美国纽约到洛杉矶只要5分钟，纽约到北京只需2小时，环球绕行只需3小时。

现场对话交流

问：人文科学存在的价值是什么？

答：我们孩子的沟通能力、表达能力普遍都比较低。怎样让孩子写一篇好文章，做一场好的演讲，"沟通"是我们现在教育上的弱项。所以我认为人文科学非常重要。虽然我是一位理科科学工作者，但是我从小就非常喜欢历史、文学，中外有名的文学著作我基本都看过。所以我希望我们的孩子能够全面发展，我认为人文科学将是最大的助力。

问：中国科技教育的前景如何？

答：这个问题应该教育部、科技部来回答。我和朱清时校长是同一年的，之前我们的朋友跟我讲了一句话，朱校长看起来比我老10岁。可想而知，中国的改革需要付出很多的心血。我希望施一公能够成功，他现在有七八个人共同努力，比朱校长当年强一点。所以说，中国教育的前景是非常乐观的，相信中国未来的科学家们能够建设祖国。

· 第二期 ·

桂贤娣，武汉市汉阳区钟家村小学教师，湖北省特级教师，全国十大教书育人楷模，全国模范教师，全国优秀班主任，全国改革创新先锋教师，全国劳动模范，全国五一劳动奖章获得者，全国三八红旗手，2016年中组部"万人计划"百名教学名师领军人物，2014年教师节献礼电影《班主任》原型教师。

做有德行有智慧的教育人

桂贤娣

（文章根据讲座录音整理）

尊敬的各位老师：

大家好！

今天分管德育的校长和主任请举一下手。谢谢，我爱你们。剩下的是班主任吗？请举一下手。谢谢你们。用一句通俗的话说，我们是一伙的。

各位分管德育的领导，我一向认为，德育，如果不跟学生的生活联系起来，那都是伪德育。因为如果不跟学生的生活联系起来，你的德育永远是空中楼阁。比方说，我教一年级，小朋友回去跟爸爸、妈妈、爷爷、奶奶、外公、外婆说他肛门痒。家长告诉了我，我就找了一根炸油条的长筷子，我的学生上完卫生间，我就带着筷子到厕纸篓里去把他刚用的厕纸夹起来看，纸上是干净的，肛门上就是脏的，纸上是脏的，肛门上就是干净的。要到男生厕所怎么办呢？我会站在男生厕所门口：请问男厕所里有三年级以上的男生吗？有老师吗？里面说有，那我等你。请问男厕所里有三年级以上的男生吗？桂老师要进来了？有没有？没有，那我进来了。我把我们班的学生刚刚拉完臭臭用的厕纸夹起来看，纸是干净的，肛门上就是脏的。我把小男生带到我的名师工作室，扒他的裤子。他把裤子拽着说："桂老师，你是女生。"我说："你妈妈也是女生。"他就把手放下了。我说："裤子一扒下来就有味道了哦。"他说："桂老师，我刚拉臭臭的。还有味道吗？"我说："有，那你让我看一下，好不好？"学生不让我看。我说："那你告诉我你是怎样擦肛门的好不好？"学生就站起来了，这样擦。啊，你站起来了，屁股就合起来了，怎么擦得干净呢？肛门上都是脏的，对不对？我拿上纸，给他擦干净。

9月1号到9月30号，每天下课10分钟，我拿一个卷筒纸就到班上来。下课了，我对同学们说："同学们，要尿尿的往这边站一排，要拉臭臭的往这边站一排。""桂老师，我还有两道题，做完了我就去拉臭臭。""把笔放下，过来，快点站到这里来，再不过来我就给你多布置几道题了。"他就过来了，看着我。我把卷筒纸一节、两节撕下来分别放到尿尿的同学的荷包里，再一节、两节、三节、四节撕下来，折叠好，分别放在拉臭臭的同学的荷包里。"走，到厕所去。尿尿的先去，尿完了，蹲着，等一下拉臭臭。""桂老师，拉完了。"我把荷包里的纸拿出来发给他们。"看着我的手，尤其是小女生，尿完应该是从前面往后面擦，还是从后面往前面擦呀？""桂老师，我妈妈是医生，应该从前面往后面擦。""棒，不错。我来教你们怎么擦。小便完了，把纸折叠好，从前面往后面擦一次，再折叠一次，擦完扔到厕纸篓里面去。这边拉臭臭的同学们，你们的纸是四节，把纸折叠一次，从前面往后面擦，看一看纸上有没有臭臭。再折叠一次，从前面往后面擦，看一看纸上有没有臭臭。再折叠一次，从前面往后面擦，看一看纸上有没有臭臭。三次，发现纸上的臭臭越来越少，成功！幼儿园老师不教，爸爸妈妈也不教，那就小学老师教。老师觉得这是父母该教的东西，父母觉得这是老师该教的东西。这个东西就成了争论。我来教，我是启蒙老师。一个孩子的卫生习惯由我来启蒙。老师们，教师之所以是专业的，是因为我们比父母多了个"证"。什么是教育？孩子不会，把孩子教会，就是教育。

有一天，我在二楼执勤，一楼一个小男生在跑。他要去捡球，可怎么也跑不快。我在二楼看到了，下楼拦住他问："乖乖，想快点跑到那里去是不是？""嗯，就是跑不快。"我把他的裤子一脱，三角裤已经滑到了膝盖处。我给他提起来后，他撒腿就跑。这个时候，我意识到这些东西应该由我来教。观察，先慢慢观察。什么叫有德行的老师？那个孩子是不是我们班的？不是的。老师们，你是全校孩子的老师，不要分得那么清楚，不是我们班的学生就不管。因为全校的孩子在你上班的时候说："老师早，欢迎老师。"下班的时候说："老师辛苦了。"他们都叫你老师。慢慢做，让他们知道如何成为一个合格的人，这叫教育。

教育部邀请我去给处级以上干部讲课，79分钟的课，掌声达36次。他们问这样的事是谁让我做的。是校长吗？是局长吗？是厅长吗？是谁？谁都不是，是我自己。为什么？校长要开会，局长要开会，厅长要开会。我，没有会！我没有会，干什么呢？我就想着如何把学生教育好！老师教育学生是老师的事，只有我在观察我的学生，我知道他们需要什么。当家长跟我说孩子肛门痒，我就知道是怎么回事，我应该怎么做。9月1号到9月30号，我每天在卫生间穿梭。一个月以后，我的学生行为习惯变得很好。

德育，不跟学生的生活实际相结合，就是耍流氓。我们的德育要高屋建瓴，这没有错，但更要实实在在。

我的一年级二班人比较多，一共98个孩子，号称作业少，成绩好。家长想方设法都要把孩子送到我班上来。我今天在这里告诉大家，当一个优秀教师比当局长都有味。什么叫优秀教师？就是家长想方设法要把孩子送到你班里，你能够在孩子学习期间帮助他解决实际问题，帮孩子培育小的种子。一个孩子一开始连9分都考不到，在你的教育下，经过一个月、两个月、三个月，他能考20分、30分、40分、59分、69分……这叫容纳。老师们，为学生解决实际问题的老师、为家长解决实际需求的老师、为校长解决实际困难的老师才是优秀老师。而我，就是这样的老师！

一天，我当着全班同学的面说："现在我请王彪跟我一起去女厕所。"全班哄堂大笑。王彪说："桂老师，我是男生，怎么能跟你一起到女厕所去呢？"我继续问："为什么不去呢？"他激动地说："我是男生啊！"他是一个正常的孩子，却被戴上"弱智"的帽子。以后谁再叫他"王弱智"，我就把他的名字改成弱智。我转过身对他说："王彪，你有名字，以后谁再叫你'王弱智'，你就跟谁过不去。你要搞不定，桂老师帮你忙！"

后面两年时间里，我了解了一些事，也做了一些事。第一年，我做了两件事。王彪的妈妈36岁，在外面做全职，王彪的爸爸因为孩子成绩差，认为孩子是弱智，家暴妈妈。后来王彪的妈妈改嫁给了一位56岁的村干部，两人相差20岁。我问她为什么，她说因为他对孩子好，所以嫁给他。

我们老师说话一定要注意，小学95%的老师是女老师，我一直认为与人善良最美，小学老师一定心要善。教师是拿证的，什么证？教师资格证。我们是专业人士，就应该做专业的事。如果父母说自己的孩子是弱智，你应该解释，告知他们孩子很正常。后来我又做了一件事，什么事呢？大概5个月以后，我对王彪说："王彪，明天上午10点，跟妈妈一起到学校旁边的武汉市第五医院（三甲医院）去测测智商。"他拒绝："桂老师，我不去测了，每年去都说我是弱智。"我说："不要紧的，今年再去测，桂老师跟你们一起去，好不好？"王彪很坚定地说："桂老师，不测了，不测了。"最后，在我的坚持下，他还是去了。武汉市第五医院有位胡医生，是一位43岁的女医生，已经做过4万次检测。她对我说："桂老师，一个星期以后来拿结果。"一个星期后，我带着王彪和他妈妈一起到医院拿结果。拿到结果后，我惊讶道："哇，智商120。王彪，我的智商只有102，你都120了，你的题目都做对了。"王彪惊喜地说道："桂老师，这是真的吗？"胡医生说："你看，这是医院的公章，当然是真的。"我说："王彪，你上几次也是在这里测的，也拿了这个单子回去，所以这次这个单子也是算数的。"大家知道为什么他所有的题都答对了呢？因为那几道题我有意无意跟他讲过，再联合他妈妈和医生做了一些工作。这个孩子从此抬起了头，小学毕业考试语文79分，数学74分。我很欣慰，很高兴，我觉得我在积福，在积德。

还有一个父母离异的孩子，四年级的时候转到我的班上。我观察一段时间后，发现他的情绪很不好，就偷偷到他家去家访。来到他家，他妈妈把我拉到卫生间，给我讲述了她和孩子爸爸从相识、相知、相恋、结婚、生子到离婚的过程。三年级的时候，孩子突然找到他妈妈，说他要转学。他妈妈问为什么。他说："所有人都知道我的爸爸妈妈离婚了。"妈妈说："离婚怎么了？"他答道："你以为离婚是光彩的事情吗？我就是要转学。"后来，这孩子就转到了我的班上。听完孩子妈妈的讲述，我说了一句话："这件事以后，家里就没有了欢声笑语，每个人都充满了仇恨。能不能换个方式想想呢？"孩子妈妈说转不过来，所有的事情都怪他父亲。几个月后，孩子妈妈再次找到我，让我帮他的孩子改名字，同时又不能暴露他们离婚的事实。我想了很久，两周后开了一次名为"谈谈我们的姓名，体会长辈的爱"的主题班会。同学们侃侃而谈。离下课还有9分钟，我问了又问："还有要谈谈自己名字的同学吗？"这个孩子一直没有举手。这堂为他开展的班会课如果他不发言，还有什么意义呢？我说："孩子们，想听听老师的故事吗？我叫什么名字呀？""桂贤娣！"孩子们争相答道。"我有3个姐姐，我排行老四。我的爸爸到派出所给我上户口，为了就着我的奶奶和我的妈妈，我一直有两个名字，一个跟父姓，叫桂贤娣，一个跟母姓，叫廖贤娣。"孩子们听完后说："那我们也可以叫你廖老师啊？""可以呀，名字就是个代号，没关系的。"突然一个孩子说道："桂老师，桂老师，一般名人都有两个名字，桂老师也是名人啊！"我听完后说："谢谢你，孩子，听了你的话，桂老师心里40多年的怨气突然就烟消云散了。我是我们班有两个名字的大名人，那还有两个名字的小名人吗？有吗？可以跟我们分享一下吗？"只见那个孩子举起了手。我三步并作两步走到他身边，激动地说："那你来分享一下你的两个名字的故事吧。"就这样，既改了他的名又没有暴露他父母离婚的事实。

  有人问我："桂老师，你的教育智慧是从哪里来的？"我想，如果我有教育智慧的话，那应该是爱，因为爱才是智慧的源泉。人们常讲"因材施教"，我能不能"因生施爱"呢？"施"，是从上到下，但老师和学生是平等的，所以我把它改成了"因生给爱"。爱学生是教师的天职，但光有爱心还不够，更重要的是"会爱"，即智慧的爱，得体的爱，恰到好处的爱，能激发学生真挚情感的爱。我每周都会"三问"自己——"桂老师，你爱你的学生吗？""桂老师，你会爱你的学生吗？""桂老师，你的学生感受到你的爱了吗？"我工作，我快乐；我生活，我阳光。爱学生不仅是一门科学，更是一种艺术。只有走进学生，了解学生，才会懂得如何去爱学生。我们要把真情和智慧投入到学生身上，才能让学生更幸福地成长。我在一线教书已经38年，其中乡村教学生涯12年，18个毕业班，1000多名孩子的班主任，教过几千名学生。我班上四五十名学生，怎样才能做到个个了如指掌呢？我的诀窍就是家访。家访一定要选在学生的房间，这样才能更好地观察了解学生的学习状态与生活细节；跟家长像朋友一样聊天，这样才能让他们敞开心扉、畅所欲言。与家长的沟通方式有很多种，为什么要劳心费神地去家访呢？因为任何形式的沟通都替代不了与家长面对面的交流。小学生能力差，特别需要小学老师以仁爱之心爱护他们，宽容他们。作为一名小学教师，作为孩子的启蒙老师，我也更愿意他们在宽松愉悦的环境里健康成长。我的"爱生三问"，集中体现新时期的教师，一要有爱心，二要勤于反思，三要有智慧。时代在呼唤这样的老师，社会更需要这样的老师。我们在工作中要敢于创新爱生艺术，勤于反思爱生方法，不断激发智慧阳光的爱生情怀，因此有爱就有教师的快乐，有爱就有学生的快乐。只有幸福的教师，才会教出幸福的学生，我跟我的孩子们在一起，我就是幸福的。

今天跟大家做了一个简单的交流。成都是一个很美好的城市，我很喜欢。希望成都的教育一年一步一个台阶，争取更大的进步。希望我再来成都的时候，能看到你们的变化，变得更好、更帅、更靓。谢谢大家！

嘉宾对话交流

季应朗（青羊实验中学原校长）：今天能够和桂老师坐一块儿，其实我蛮有压力的。今天我记下了非常让我感动的十点，这是我下来要慢慢消化的。时间有限，我就谈一谈我内心最受震动的。首先，我看到了一个时时刻刻在教育的、爱的、智慧中的老师。桂老师的讲座全程没有讲稿，也没有我们常见的观点、要点、信息。你要记住的，是来自她每一个教育故事当中的生动的案例。这些案例乍一听好像跟学习没有多大关系，比如她和家长，和学生，特别是我们眼中很难管理或者很难转变的学生，就像她说的王同学。其实在一线教学，我们常常会遇到这样的学生，但是细细品味你会发现她的智慧就在其中，引人入胜。刚才桂老师说的，我觉得也是这样，因为这个孩子分到这个班，老师会觉得这孩子如果来我班该怎么办？因为我是中学校长，所以压力太大。刚才桂老师描述的，就是我们平时工作中常常遇到的问题。我觉得今天的讲座很接地气，一个一个案例，智慧就在其中，爱也在其中。其次，桂老师把"因材施教"变为"因生施爱"，再变为"因生给爱"，这一个字的变化就是由高到平的一份给予和智慧。我对桂老师充满敬意。她的这些故事很平实，没有什么高大的理论，却给了我们很多的启示。

我们要慢慢消化，慢慢实践，慢慢照着做。谢谢桂老师。

叶德元（成都七中育才学校班主任）：谢谢桂老师，我首先代表我们在座的所有的一线老师感谢桂老师。我们刚做班主任的时候，希望能够得到很多的方法，希望能够和我们的榜样去交流。我们该怎么做？没有专门的课教我们怎么去做班主任，但是一旦我们成为班主任，都知道该怎么做，像魏书生老师、李镇西老师，这些名字都是我们非常熟悉的，都是我们学习的榜样。

这几年，我向桂老师学习的机会比较多，到今天为止，我已经听了桂老师好几次讲座。每一次讲座，她的案例都不一样。我特别想提一下，今天的讲座我一直在笑，但是两年前杭州的那场讲座，我一点都没有笑，那天的一个小时非常沉重！我想跟各位老师分享一下那天我的感受。我身边的小伙伴都说，今天桂老师讲的东西怎么这么沉重，甚至让人感觉讶异！那时我的爱人已经怀孕4个月，我第一次以一个准父亲的身份去听。那天桂老师提到的东西比今天还要细。"当我们放风筝的时候，请把线也染上颜色；当我们去接孩子，看见孩子的时候，不要隔着马路喊他；包括我们带孩子看演出的时候，一定去推一推安全通道的门能不能打开，给孩子带一瓶矿泉水，这水不是喝的而是救命的。"这段话我的印象非常深。为什么印象会那么深刻？我想就是桂老师讲的那句话，我们就是要帮家长解决问题的，而这些恰好是父母可能不会教的。

桂老师说她每年都要去医院咨询专业人士怎样当一个老师。去年在南京学习，其间让所有老师讨论，当你的学生在课堂上突然吐血，你作为班主任，第一反应是什么。我们发现面对这个问题，我们真的不知道应该怎么办。我们应该看到，桂老师教的所有的一切，非常的专业。她的爱不是冲动，这就是我们讲的业化的东西。我的感受非常深刻，我愿意去做这样的班主任。

另外，我想跟桂老师来一次互动，因为每次听完桂老师的课，我都在想我这个班主任到底称不称职。每年接初一新生的时候，我会举行一个活动，就是在教师节那天，让每一个孩子回到小学。那时他们还不爱我，他们脑袋里想的都是小学老师多好啊，初中老师好烦。如果强行让他们来爱我，那是错的，所以我会让他们去看望小学老师。他们很乖，他们高中的时候也会回来看我。就在这个场地上，我也有一件印象非常深刻的事情！这是我第二次站上这个台。我第一次站上这个台的时候，下面坐满了人。楼上坐了一个男孩子，他一直在哭，因为距离远，我看不清楚是谁。直到讲座结束我才知道，是我上上届十八班的一个孩子。他的班主任就在下面听讲座，他自习课偷偷溜出来，一个人坐在上面。让他回忆过去，他觉得都是美好的。所以我让我的孩子在教师节这天回到小学。我还会偷偷做一件事情，就是给每位小学班主任写一封感谢信。虽然我不是很了解这些孩子，但我相信当小学老师把他们交到我手上，他们是充满期待的，期待这些孩子越来越好。我给每位班主任都写一封信，但是我写了15年，只收到过一封回信，是成都师范附属小学的一位老师。这位老师说他马上就要退休了，当小学班主任这么多年，还是第一次收到中学老师的来信。我告诉他我也是第一次收到回信。

今天在座的更多的是中学老师，当桂老师把孩子交到中学老师手上的时候，您对于我们中学老师、对我们孩子的未来有一个什么样的期待？您希望我们中学老师还能为孩子做点什么？谢谢桂老师。

桂贤娣：这个问题很有挑战！我一天中学都没教，你让我回答这个问题。我想我在孩子们六年级毕业的时候，我会对孩子们和他们的家长提一个小要求，算是不情之请。我要说的是，你的孩子进入中学以后，无论是老师还是你孩子的同班同学，说你的孩子或者你们哪些地方好，你不必告诉我，说你的孩子或者你们哪些地方不好，你一定要告诉我，因为我要在你的孩子的学弟学妹身上克服这些问题。那么回到他本身，你的学生，初中毕业到高中去了，你也可以跟他说，你到高中去了以后，高中老师对你的学生哪个地方不满意，一定要叫你的学生、学生家长告诉你，因为这些花钱都买不到。所以很多人觉得小学六年级毕业，九年级毕业就万事大吉了。NO！别人对他们的评价就是我们工作当中要对症下药的地方。这是第一点。

第二点，我没听清楚叶老师的意思。我个人接新班有一个做法，一年级到六年级，第一周我不上课。不上课那我干什么呢？我做的事情蛮多，我随便说一些。我今年58岁，进班第一天，我会把自己打扮得像个媒婆，花帽子，上面穿蛮红蛮红的衣服，下面穿蛮绿蛮绿的裤子，就是一个地地道道的媒婆。我就跑到班上站着，孩子们都笑得直不起腰。我要的就是这个效果。我问他们都笑什么呀，他们都捂着嘴巴不说话。我说我全知道，我给他们的感觉就是很开心。我不上课，我领着他们玩儿，我编了很多游戏，让全班同学都参与进来。班上总有身体好、身体差的孩子，身体差的孩子总是站在旁边，不敢玩游戏，怕别人把他撞倒。我就画了一个安全屋，凡是进入安全屋的就不能抓，这样身体不好的孩子也能参与进来。明白了吗？一定要记住，要全员参与，我们班六一儿童节的活动都是集体活动，比方说大合唱、集体游戏等等。就这样玩了一周，各种各样的活动以后，我再上课，他们很听话，这就叫"亲其师信其道"！

叶德元：我们的学生有差异，但我们说孩子应该有不同的生命样态。今天桂老师为我们呈现的就是应该有的教育样态，就是跟孩子玩在一起，跟孩子过好日子。谢谢桂老师！谢谢大家！

· 第三期 ·

严文蕃，美国麻省大学波士顿分校国际比较教育研究院院长，终身教授、博士生导师，美国教育研究会国家数据库研究小组前主席，教育政策量化分析领域大型数据与分析处理方面著名专家。

美国教育改革分析：中美比较的视角

严文蕃

（文章根据讲座录音整理）

一、评价的三个相关概念

首先，我们需要明确一些和评价有关的基本概念，作为比较的前提。很多情况下，中国讲的评价概念和美国讲的评价概念不同。英语里与教育评价相关的三个概念是：Testing、Assessment and Evaluation。Testing，就是我们所说的考核和考试；Assessment，就是我们讲的各种能力的测评。美国有三个权威的教育组织，分别是美国教育研究会（AERA）、美国心理学会（APA）、美国国家教育测量委员会（NCME）。它们联合制订了《教育与心理测试标准》，每过一段时间更新一版。这三个组织将Testing界定为通过一种系统的方法，获取有关人或项目的样本信息，从而推断出学生的知识、特征或倾向。而评价（Evaluation）更多的是对教育干预效果的测定，小到教师课堂上使用的教学策略，比如针对落后学生的各种补救措施，大到整个国家的教育政策，比如《让每个学生都成功法案》，对每个教育政策和干预措施的效果都进行及时的评价。

2018年"中国教育三十人论坛"的三个主题是在一个大的评价范畴里，但分属不同概念。"新高考改革"主要关心学生的学业成绩，属于Testing的范畴；"创新能力培养"关注学生的综合能力测评，属于Assessment的范畴；"大学排名"关注大学教育质量，属于Evaluation的范畴。

总结一下，三个概念之间是相互联系的，一环套一环，如图1所示。如果要做评价，缺不了考试这个工具收集证据，测评是各项考试的综合，整合多方面的证据才能支持有效的评价。所以，一个完整的教育评价过程包括考试、测评和评价三个阶段。

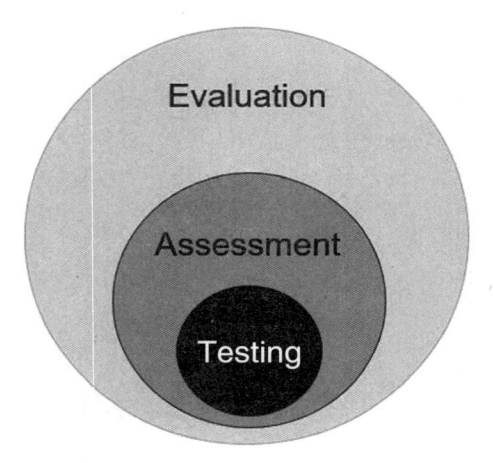

图1 考试、测评和评价关系图

评价最大的优势在于对教育走过的任何一步，从小到大，都可以搜集材料、特征和结果，以这些资料作为证据来做判断的过程就是评价。评价有三个基本要素，分别是判断、标准、利益相关者。考试也好，测评也好，都要对搜集的数据和结果做出判断，给出结论，不论好坏、高低、合格与否。依据什么做出判断就很重要，所以需要评价标准。这就牵扯到价值观的问题，评价的很多争议就是因为价值观不同。另外，任何评价都有相关联的人，即利益相关者。为什么教育评价争议那么多？因为相关的利益群体太多，个体差异很大，时间和资源有限，很难同时满足各方的利益诉求。教育评价必须明确利益相关者，评价到底为谁说话。

在美国，目前教育工作关心3个"C"。一个是上大学（College）的问题，一个是工作（Career）的问题，第三个就是公民（Civic）的问题。评价也是为这3个"C"服务的。

讲到考试，美国人对中国人佩服得很。我20世纪80年代到美国读博士，上评价和测量课时，老师开门见山就讲中国考试历史。中国2300多年前就用科举制度选拔人才，科举就是考试。朝代更迭，这种考试制度一直没有改变过，直到1905年，民国革命把它废除了。最有意思的是，正是中国摒弃科举考试的时候，外国人刚刚开始尝试用考试选拔人才，并且不断发展，越用越好。1923年，美国第一个斯坦福成就测验（Stanford Achievement Test）出版，更早的教材《教育测量》（桑代克，1904）则成为现代教育测量史上的一个里程碑。

美国考试走过的路跟中国也不同。20世纪30年代，美国开始做SAT，50年代开始做区一级的标准化考试，70年代开始做州一级的标准化考试，80年代扩大为全国考试，90年代后开始做国际考核。总之，SAT到现在80多年，形式和内容基本没有改变过，就是加入了一些写作（Essay）的题目，考试的趋势是范围越来越大。中国走的路跟它有点相反。中国的起点是国家统一考试，然后逐渐放权到省和市。当然，二者的教育背景不同，没有好坏之分，都是为了更好地完善考试制度，为学生发展服务。

在教育评价的功能方面，就美国而言，当前问责是其主要功能。举个例子：美国最大的教育法案——《不让一个孩子落后法案》（No Child Left Behind Act，简称NCLB），就是以考试结果作为问责的依据。美国没有办法做到全国统考，尽管也很想像中国一样有一个全国统考。美国也有一个全国性的统一考试，即"全国教育进步测试"（National Assessment of Educational Progress，简称NAEP），用以检测和对比各州的教育质量。但这个测试是抽样进行，不是每个孩子都参加。根据NCLB法律要求，各州层面开发了州的统一考试，所有学生都要参加。以麻州为例，就是"麻州综合评估系统"（Massachusetts Comprehensive Assessment System，简称MCAS）。根据他们的测评结果，麻州的地区学校被列为5个"问责和援助"级别。一级学校表现最好；二级学校为合格；三级和四级学校可获得额外支持，有改进机会；五级学校被认定为"长期表现不佳"，这些学校将由麻州基础教育部接管。

从图2可以看出，实行问责制度后，一级和二级学校，即合格学校的数量逐年增加，三级和四级需要改进的学校逐渐减少。可见通过问责，可在一

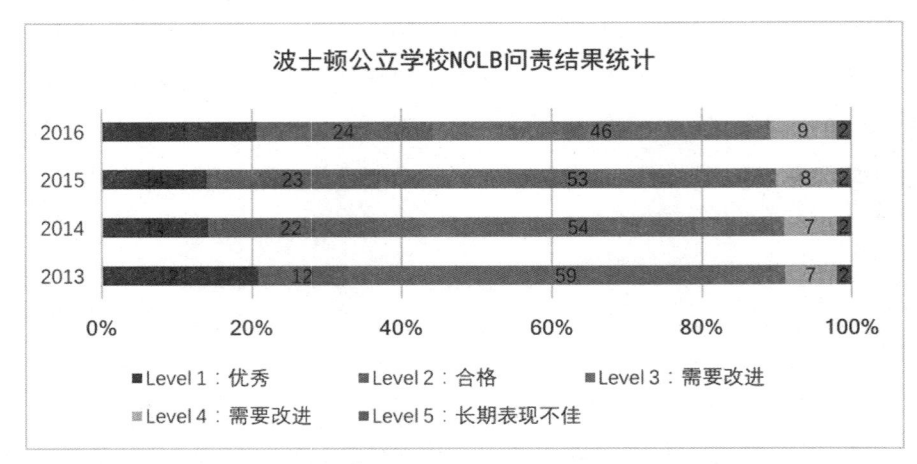

图2 波士顿公立学校NCLB问责结果统计（2013—2016）

定程度上提高教育质量。同时，这种评价也是实现教育公平的重要手段。原来考核不合格的学校多是弱势群体学生集中的学校，通过考核问责，这些学校被迫提高学生的学业成绩和教育质量。

关于提升学生的学业成绩，实际上中国有很多经验。中国最传统的教育就是直接教学法，又称"掌握学习"。研究表明，直接教学法对于提升考试成绩非常有效。2012年上海在PISA测评中取得第一名之后，英国人来上海学习，把中国的这套教学模式总结为"掌握学习模式"，请中国的老师到英国去教学。我们一些好的考试的东西是值得重视的。

接下来再以考试为例，来看看中国和美国的差异。我们以一张示意图，把中美学生考试在评价中的权重按学习阶段（幼儿园、小学、初中、高中、大学、硕士、博士，依次用字母K、E、M、H、U、P、D来表示）做了一个函数分布图。

看中国学生的这条曲线，经过各级考试、考核，逐年加码，到了高中达到顶峰，但大学后却降了下来，随后呈现缓慢下降的趋势。反观美国，美国这条线在高中之前一直是低的，一到大学以后分岔了，出现了剪刀差。从这个简单的模式表达就可以理解，为什么中国的高等教育令大家不满意。其中，考试没有严格执行或者效果没有充分发挥是原因之一。而美国恰恰相

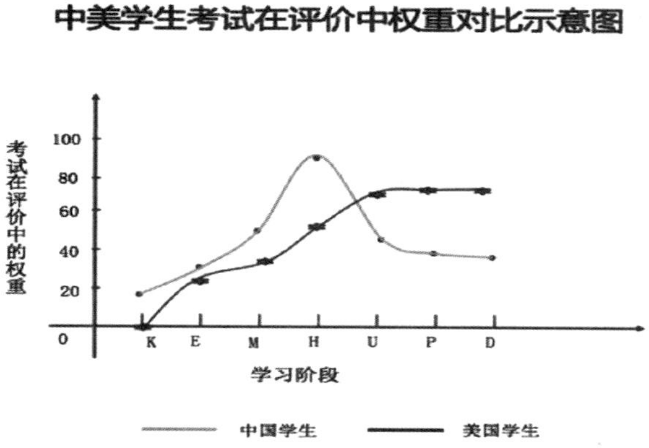

中美学生考试在评价中权重对比示意图

图3 中美学生考试在评价中的权重对比示意图

反,一直是往上走的,直到博士生阶段,这体现了考评要符合人的发展规律。这条线逐渐往上走,说明你的年龄逐渐增长,对你的考试要求、对你的责任心要求也应该逐渐提高。

二、科学化的教育评价设计

下面我们对中美在评价方面的研究做一个大概的探索性比较。我们选择了8本中国权威的教育类综合期刊(《教育研究》《高等教育研究》《北京大学教育评论》《清华大学教育研究》《中国高教研究》《教育与经济》《比较教育研究》《电化教育研究》),筛选出近三年有关评价的论文。想通过这些研究论文,看看中国教育评价在评什么?怎么做评价的?重点在哪里?初步研究发现,中国的很多研究大多数都是做评价理论的探索、理论框架的构建以及理论引进后怎么运用。美国的评价研究主要解决实际教育问题,从学生层面、教师层面、学校层面一直到国家层面,考察每一个教育政策和干预对学生的实施效果如何,更多的是实证研究。初步看下来,我个人认为《北京大学教育评论》的范式很像美国杂志的风格,还有《教育与经济》中很多研究与美国的政策评价相似。值得引起注意的是,《电化教育研究》做了不少课堂和学生层面干预效果的实证研究。

美国有一个专门为教育评价服务的杂志——《教育评价与政策分析》（Educational Evaluation And Policy Analysis），是美国教育评价最权威的杂志。如果按照杂志的引用率和影响因子排名，它在教育类中排名第九位。

我一共选了近三年来的81篇实证论文，来分析美国当前的教育评价。

根据这些文章，我们想讨论与教育评价科学化有关的三个问题：一是评价的核心问题，到底是重质量，还是重公平；二是评价的两个主要功能：问责和改进；三是评价的科学方法。

（一）评什么：质量与公平

美国的教育评价更重视干预的结果。我们有一个很生动的类比：不在意鸟妈妈给小鸟吃了多少虫子，关键是看最后这只小鸟什么时候飞起来，飞多高。评价就是要看最后学生能做什么，他的能力到底达到什么水平。另外，评价为政策服务，就是为教育公平服务。国家资助的项目，就是要看对教育公平起了多大作用。政策干预就是干预学习机会，特别是对弱势群体的效果如何，这是评价重点关心的对象。他们主要包括：移民学生、西班牙裔学生、黑人学生、英语非母语的学生、特殊教育的学生、来自低收入家庭的学生、学业成就低的学生、女学生等。

根据这81篇论文来看，当前美国评价的内容有：NCLB执行效果的深入评价和持续问责、弱势群体学生数学成绩的提升、低收入家庭学生大学入学机会、校园突发事件对学生学业成绩的影响等。这些文章也反映了美国教育评价中存在的两个钟摆现象：一是质量和公平之间的平衡，另一个是知识和能力之间的均衡。

（二）为什么评：改进与问责

美国教育评价有两个主要功能，一个是问责，另一个是改进。我们对81篇论文进了分析，得出59%的评价研究是关于完善政策和干预措施的，32%的评价研究是关于问责的，剩下的9%的评价研究旨在引起政府关注、加强管理。例如：Douglas Lee Lauen和S. Michael Gaddis用北卡罗来纳州学生的数学和阅读成绩对NCLB进行评价，结论之一是NCLB问责最差的学校对成绩较差学生的不利影响最大。Brian Jacob等学者对密歇根优秀课程（MMC）的效果进行了问责。这是一个全州范围的大学预科课程，适用于2011年及以后的高中毕业班。他们的分析表明，MMC所包含的较高期望对学生的学习成绩影响不大。

教育评价的问责和改进经常是同时进行的。《每个学生都成功法案》（Every Student Succeeds Act）要求各州找出陷入困境的学校，通过制定以证据为基础的资助政策，将其扭转过来。Beth E.Schueler等学者评价了麻州一个区的公立学校（Massachusetts's Lawrence Public Schools）的整体转变。他们研究发现，那些需要改进的学校在数学和阅读方面取得了一定的进展，但没有证据表明这种转变会对高中生的成绩进步产生积极影响。建议在假期进行密集的小团体教学，此举可能会为参与的学生带来特别大的成就。

（三）怎么评：科学化设计

根据我们选出来的这些文章可以看出，美国教育评价的科学化设计有两个特点：第一，美国所有教育干预都要做到长期跟踪，如果不是长期跟踪，这个所谓的教育效果不能建立。因为教育具有滞后性，它的效果需要在学生使用这些学习经验时才能显现，所以必须长期跟踪。第二，强调使用实验方法。实验法分为随机实验（Random experiment）和准实验法（Quasi-experiment）。常用的准实验研究设计有如下几种：标准或目标比较、等组对照、统计控制（前测和后测或只后测）、统计控制——后测控制组设计、其他前测——后测控制组设计、其他后测以及仅从单个受试者设计中选取对照组的设计。

随机实验（Random experiment）将研究对象随机分组，对不同组实施不同的干预，以对照效果的不同。具有能够最大程度地避免实验设计、实施中可能出现的各种偏倚，平衡混杂因素，提高统计学检验的有效性等诸多优点，被公认为是评价干预措施的金标准。例如：经济资助被认为是促进大学成功的一种方式，就是尽量减少学生工作的时间。Katharine M. Broton等学者利用一项随机实验发现，来自威斯康星州低收入家庭的学生获得额外助学金后，每周工作时间分别比同类学生减少8.56%和14.35%，赠款援助可以改善学生的学术成绩和发展前景。

Kathleen Lynch和James S. Kim在一个大的、高贫困的城市公立学区进行了一个暑期数学项目的随机实验，三到九年级的孩子（N = 263）被随机分配到一个提供在线夏季数学课程的小组或对照组；实验表明，实验组学生暑假数学学习活动参与度高于对照组，但远期学业成绩上没有明显差异。

由于教育实验对象是学生，要符合伦理原则，因此很难严格控制所有无关变量，常常采用准实验法（Quasi-experiment），即在实验中未按随机原则来选择和分配被试，只把已有的研究对象作为被试，且只对无关变量作尽可能控制的实验。我们选择的文献中，此类研究较多。例如：Melinda Adnot等学者运用准实验设计，评价哥伦比亚特区公立学校（DCPS）独特的绩效评估和激励制度下教师流动对学生成绩的影响，以讨论教师流动对学生学习成绩的影响。他们发现，平均而言，DCPS的绩效评估制度让学生的数学成绩提高了0.08个标准差（SD），而且在统计学上显著。

Dennis A. Kramer II等学者设计了一个准实验，评价国家在学生完成学业和债务结果中所采用的超额学分（ECH）政策。他们发现，很少有证据表明高科技政策对学生完成学业有积极影响，反而从统计数据来看，采用高科技政策会增加中等学生的债务，来自社会边缘背景人群似乎最容易受到高科技政策的不利影响。

还有一些评价使用了混合方法（Mixed-Methods）。E.N. Bridwell-Mitchell和 David G. Sherer对三所城市公立学校117名教师的纵向混合方法研究表明，在政策执行中，教师如何解释政策是至关重要的，而文化是促成教师对政策解释的重要基础。

不管哪种评价模型，评价最核心的是提供证据。不是拍脑袋，而是以证据为主。什么才是证据呢？美国教育研究院按照是否用比较、对比的科学研究方法，是否有真正的控制组和实验组，是否随机，是否处理一致，是否能复制等标准提出什么算"证据"，什么算"可能的证据"，什么算根本"没有证据"（详见表1）。

干预的效果可以用效应量（Effect Size）来表达，效应量越大，说明效果越好。在心理学研究中一般认为，效应量d=0.2为效果小，d=0.5为效果中等，d=0.8为效果大（Cohen，1977，1988）。教育学研究中一般认为，d=0.25为可接受效应量（Tallmadge，1977；Lipsey etal，2012）。

	证据	可能是证据	没有证据
对比	在两个或以上组之间进行对比：控制组和实验组	在两个或以上组之间进行对比：控制组和配对组	只有一个组（缺少实验组或配对组）
随机分配到各组	对象是随机分配到各组	对象是大致随机分配到各组	对象没有随机分配到各组
一致的处理	对不同组的处理是一致的	对不同组的处理达到最小的差异	对不同组的处理存在不可接受的差异
多个"地方"进行	多个"地方"进行	在一个或多于一个"地方"进行	在一个"地方"进行
复制	研究可使用相同程序复制（多种情形或多个案例）	研究可重做并得到相同结果，但不是通过完全一致的方式	研究不可复制；仅从一套数据中得出结论
控制	对于实验组和对照组外部影响因素得到控制	对于实验组和对照组大多数外部影响因素得到控制	外部影响因素极少或没有得到控制，可能干扰研究结果

表1 关于证据质量的分类

影响效应量的因素包括：干预的时间、参与者数量、开始时间（在学前班或幼稚园、一年级或以上）、结束时间（从干预结束到评价之间的时间间隔）、干预主题（阅读、数学、语言、拼写、其他科目）等。中国学者在评价设计中要注意控制好这些因素，最大程度地提高效应量。

三、结论与建议

最后，提几个建议。我觉得美国的东西要批判性地借鉴，比如美国每一个教育干预都给予及时评价，换句话说就是干预和评价同时进行，不是只干预不评价，或者等干预完了再做评价。而且这种评价要多层次、多方面，不是都等着教育部派专家去评。再比如，有些教育问题是中美共存的，美国的经验或者教训可以借鉴，比如说能力分班，美国已经做了半个多世纪的探索和研究，并对每一种干预都进行了评价，我们在做这个方面的评价时，可以借鉴美国的评价结果。

科学化方面，我们还想提三条建议。第一，评价人才队伍建设。首先，评价专家要兼有基础研究和应用研究的经验；其次，要专门培养教育政策评价方向的研究生。第二，要重视实证研究，建议从建立教育数据库开始。美国的数据库优势是有目共睹的，数据翔实，更新及时，而且美国国家教育统计中心（NCES）的数据库是公开的，很多大学、学区的数据库也都可以共享。美国大部分评价论文中都有一个关键词，叫二手数据分析（Secondary Data Analysis），这背后就是强大的数据库做支撑。第三，还有学术期刊的问题。创办一本权威的、国际化的教育评价期刊，一方面有利于集中中国教育评价的成果，同时也有利于国际交流，与其他国家共同分享我们的研究成果。

· 第四期 ·

孙霄兵，国家督学，中国教育发展战略学会执行会长，中国人民大学、西南大学教育学部教授、博士生导师，北京外国语大学国际教育研究院教授，华中师范大学兼职教授、博士生导师，贵州师范大学教育政策与法律研究中心兼职教授。

我国基础教育 70 年的成就与政策

孙霄兵

（文章根据讲座录音整理）

一、70年来中国基础教育改革发展的历史进程和成就贡献

我国基础教育包括幼儿教育、义务教育和普通高中教育三个阶段。中华人民共和国成立以来，中国基础教育在党和政府的领导下，经过广大教育工作者和全国人民的共同努力，在艰难曲折中快速发展，在改革开放中不懈奋斗，基本构建起适应社会主义建设的现代基础教育体系，基本保障了广大人民群众的基础教育的受教育权利，大幅提高了亿万人民的思想道德品质和文化科学技术素质，彻底改变了中国社会和中华民族的国民性格和精神面貌，充分显示了我国社会主义制度的优越性和我国教育制度的先进性，取得了空前伟大的历史性成就，为社会主义现代化建设全局和中华民族伟大复兴奠定了坚实的文明基础和持续的发展动力。功在当代，恩被后人，德惠千秋，灿烂光辉，永远彪炳于共和国史册，是世界历史上任何一个国度和时代都不能与之相比拟的。

然而，中国基础教育70年的发展历程，既有辉煌壮丽的一面，亦有艰难曲折的一面。从1949—2019年的70年间，中国基础教育发展经过三个大的历史阶段。第一阶段是从中华人民共和国成立到1965年，通常称为17年时期，也是新中国基础教育的奠基时期。第二阶段是"文化大革命"时期，即1966—1976年时期，是基础教育的挫折和困难时期。第三阶段是改革开放时期，中国基础教育进入新的改革发展时期。

第一阶段，中国基础教育在旧中国的基础上得到全面的恢复和发展。根据《中国人民政治协商会议共同纲领》，新中国的教育是民族的、科学的、大众的文化教育；以提高人民文化水平，培养国家建设人才，肃清封建的、买办的、法西斯主义的思想，发展为人民服务的思想为主要内容。最为突出的特点，是在社会主义制度下，创建社会主义新教育，确立"以老解放区新教育经验为基础，吸收旧教育有用经验，借助苏联经验，建设新民主主义教育"的教育改革基本方针，教育向工农开门，开展扫盲和识字教育，开办工农业余学校、补习学校和速成中学。中华人民共和国成立初期，4亿5千万人口中80%是文盲，学龄儿童入学率只有20%。到1965年底，中等学校学生达到1432万人，小学在校生达到11626.9万人，分别比中华人民共和国成立前最高的1946年增长了6.9倍和3.9倍，学龄儿童入学率达到85%；1949—1965年，全国扫除文盲10272.3万人，年均扫盲604.3万人，广大劳动人民的基础教育的受教育权利得到保证和实现。中华人民共和国成立以来，在稳定发展的和平环境下，在新的指导思想的指导下，国家力量全面投入办学，国家公办教育广泛展开，国家举办建设了大批公办学校。1951年，政务院公布《关于改革学制的决定》，新学制开始建立，国家专业化教师队伍形成。从中华人民共和国成立之初到1965年，全国大中小学和幼儿园有教职工555万人，较1949年前增加了5倍，适应了教育发展的基本需要。在教育教学内容和方法上，广泛学习苏联模式，帮助基础教育教学水平得到提高。1957年2月，毛泽东主席提出："我们的教育方针，应该使受教育者在德育、智育、体育几方面都得到发展，成为有社会主义觉悟的有文化的劳动者。"这一观点对新中国的教育起到了根本的指导作用。其间，刘少奇倡导"两种教育制度"（全日制和半工半读的学校教育制度）和"两种劳动制度"（八小时和半工半读的劳动制度），积极试办和发展半工（农）半读学校制度，对于中国基础教育的改革发展具有重要的指导意义。中华人民共和国成立至1965年的17年间，普通中等教育为国家培养了2000多万名毕业生，为国家培养了大批的劳动后备力量，为国家高级专门人才的培养奠定了基础。

第二阶段是文化大革命阶段。1966—1976年，中国经历了"文化大革命"。10年间，中国的教育事业遭到严重破坏，濒临崩溃边缘；学校教学秩序混乱，广大教师受到摧残，青年一代丧失了接受科学文化教育的机会。"文化大革命"使中国的基础教育遭到空前的损失，大批教师被认为是资产阶级知识分子。1971年，基础教育一度全面中断，学校及教育教学设施设备严重破坏。在这一阶段，许多小学下放到村、中学下放到公社办学，国家对于基础教育的支持力度减弱，教学质量持续下降。1967年，出现了"复课闹革命"的要求。在困难情况下，广大教师和教育工作者坚持教育理想，忠诚人民的教育事业，与"四人帮"集团作坚决斗争，坚持教育教学、培育下一代，保存了有益的教育力量。"文化大革命"中基础教育的精简课程、缩短学制、弱化考试、学工学农等想法做法对中国基础教育产生了深远的影响。

第三阶段是改革开放阶段。70年来中国基础教育改革的历史发展和成就贡献，集中并具体体现在这一阶段。

一是基础教育规模空前扩大，逐年增加。2017年，全国有幼儿园25.5万所，义务教育阶段学校21.89万所，有教师1554.4万人，学生23106.89万人，其中幼儿园在校生4600.14万人，小学在校生10093.7万人，初中在校生4442.06万人，高中在校生3970.99万人。70年来，中国基础教育发展成为世界历史上一国之内人口最多、规模最大、地域分布最广、民族种族最为多元、文化多样性最为丰富的教育事业。

二是基础教育办学水平和教育教学质量提高到新的高度。拨乱反正后，基础教育通过与世界各国的学习借鉴和比较，拓宽了视野，找到了差距和不足，借鉴了各国基础教育的经验和优点，进一步明确了发展改革的方向、道路和途径，并坚持按照国情办学，形成了自身的特点和优势，在国际交流和中西交汇中形成了特殊的品格。经过长期的努力，中国学前教育到高中教育的普及率都达到或者超过世界中高收入国家水平，我国基础教育总体发展水平跃居世界中上行列。在学校设置、办学条件、设施设备、教材课程、教师配备等方面，全面达到并在某些方面超过了国际平均水平，率先实现了世界人口大国基础教育的跨越式发展，巍然秀立于世界教育之林。

三是基础教育经费和资源得到了坚实的制度保障。经过多年发展，基础教育已经成为最为基本的公共教育，经费通常主要由公共财政承担。改革开放使我国的经济财政实力大幅增强，特别是1994年实行中央地方分税制以后，中央财政支付能力明显增强。2016年，全国教育经费总投入38866亿元，其中国家财政性经费投入31373亿元，占当年GDP的4.22%，是我国历年年度最大额度的财政支出项目。社会总投入7493亿元，占当年GDP的1%。多年来，基础教育经费占到教育总经费的60%左右，为支撑我国庞大的基础教育奠定了经费基础。特别是国家建立全额经费保障九年制义务教育制度，将义务教育全面纳入财政保障范围和财政预算，免除学费、杂费，城乡义务教育，学生上学不交一分钱。学前教育和高中阶段的学生资助制度逐步建立健全，每年中央和地方的资助经费达到上千亿元。近年来，国务院、财政部、教育部等有关部门发布了多个关于深化和进一步做好农村义务教育经费保障机制改革、免除城市学杂费，坚决制止乱收费情况，建立家庭困难学生国家资助制度，实施农村义务教育学生营养改善计划、村小和教学点经费保障，薄弱学校改造等保障用好基础教育经费的文件，基础教育投入效益不断提高。

四是基础教育体制和制度得到了健全和完善，形成了适合中国国情的基础教育体制和制度。随着国家体制改革、制度建设和治理现代化的不断推进，在借鉴国外有益经验的基础上，基础教育的行政管理制度和学校管理制度不断规范完善。基础教育阶段，国家依法实行学校教育制度、学前教育制度、初等教育制度、义务教育制度、中等教育制度，奠定了国家学制系统的基础，形成了学校设置、教育形式、培养目标、修业年限、招生入学、学籍考试、督导问责等规范。基础教育管办评分离持续推进，中小学章程建设普遍开展。2014年，全国中小学电子学籍管理系统全面开通，覆盖了全国所有中小学学生，提高了管理水平和效率。为了统一管理全国基础教育，国务院教育行政部门设置了基础教育司实行宏观管理，各地在机构设置中更突出对基础教育的管理、保障和服务功能。

二、70年来中国基础教育的主要政策

1. 基础教育得到全面普及。70年来，我国基础教育的基本政策首先是全面普及各个阶段的教育。70年来，我国分别分阶段提出了小学教育、义务

教育、高中教育、学前教育的普及目标及政策要求，并加以逐步实施。1956年，最高国务会议通过的《1956年到1967年全国农业发展纲要（草案）》和中国共产党八大政治报告提出，12年内普及小学义务教育。1980年，中共中央、国务院下发了《关于普及小学教育若干问题的决定》。1993年，《中国教育改革和发展纲要》提出了在全国实现"两基"目标：基本普及九年义务教育，基本扫除青壮年文盲。经过长期的努力，在2000年得以全面实现。2010年《国家中长期教育改革与发展规划纲要（2010—2020）》（以下简称《教育规划纲要》），2017年教育部、国家发展改革委、财政部和人力资源社会保障部四部门印发《高中阶段教育普及攻坚计划（2017—2020年）》的通知，进一步提出了加快普及高中阶段的要求，目前正在全面实现。据2016年数据，我国义务教育毛入学率达到104.0%。1998年，青壮年文盲降到5%以下，近年进一步减少。2016年，高中阶段毛入学率达到87.5%，初中阶段毛入学率达到104.0%，小学毛入学率达到104.4%，城乡学前教育毛入学率达到77.4%，居世界前列。中小学民族教育、特殊教育也得到迅速发展。基础教育的全面普及使人民群众基本的受教育权利得以最大实现，极大提高了中华民族的思想道德和科学文化素质。

2. 基础教育进行了重点发展。首先，基础教育成为所有国家事业和教育事业的"重中之重"。在国家40年改革发展进程中，尽管遇到各种各样的困难，这一政策立场却从未动摇，而且在教育优先发展的国家战略中越来越明确，被多个中央和国务院文件所强调。其次，义务教育成为基础教育中的重中之重，得到重点发展和集中保障。2006年后，全国统一免除义务教育阶段的学费、杂费，实行全国义务教育的就近、免试入学。2017年，安徽省义务教育率先实现不论学生出生月份，当年入学的目标。基础教育、义务教育"重中之重"目标的实现，较好协调处理了各类教育之间和各项公共事业之间的关系，为我国教育的改革和发展、公共事业和现代化事业的发展奠定了坚实的人力资源和各类人才基础，并进一步鲜明显示了办人民满意教育的时代方向。

3. 基础教育实行公平优先导向。70年来，各类基础教育最为重要、最为优先的政策导向是公平和均衡发展。中华人民共和国成立以来，国家重视对边远地区、少数民族地区基础教育的帮助支持，人民助学金制度普遍建立，亿万学生受惠。改革开放以来，国务院、教育部会同有关部门连续下发多个关于进一步推进农村教育、西部地区教育发展、基础教育经费拨付使用、布局调整、学校发展改造、义务教育"两免一补"、教师培训、连片贫困地区学生营养餐补助、留守儿童帮扶、家庭经济困难学生资助、扶贫开发、高中阶段教育普及攻坚计划等多个全国性项目文件，着力解决基础教育的城乡、东中西部、校际差距和老少边穷地区的均衡发展问题，使亿万孩子受益。同时采取"两为主"：以流入地为主、公办学校为主的政策，解决进城务工人员子女入学问题，目前在全国得到较好落实。进城务工人员子女在流入地参加高考到2018年增加到28个省份，惠及5.6万名考生。2014年，农村义务教育阶段东中西部地区小学生均公用经费达600元，高中达800元，特殊教育学校达4000元，农村连片困难地区3600万名义务教育学生营养餐标准从每人每天3元提高到4元，对照生均身高增加7厘米。当前，全国81%的县（市、区）实现义务教育基本均衡。按照国务院《国家教育事业发展"十三五"规划》要求，2020年，义务教育实现基本均衡的县（市、区）达到95%。基础教育的公平均衡政策具有强烈的政治性、社会性、基础性特点，体现了中国共产党和人民政府以人民为中心、为人民服务的鲜明立场，为我国公民平等和社会公平奠定了教育基础，提供了文明机制。

4. 基础教育突出强调了学生的全面发展。中华人民共和国成立以来，党和政府重视青少年儿童的德育、智育、体育、美育、劳动教育的全面发展，毛泽东主席多次强调"身体好、学习好、工作好""身体第一、学习第二"。进入改革开放时期，更是提出了素质教育的要求。1999年，中共中央、国务院发布的《关于深化教育改革，全面推进素质教育的决定》指出，实施素质教育就是要全面贯彻党的教育方针，以提高国民素质为根本宗旨，以培养学生的创新精神和实践能力为重点，造就有理想、有道德、有文化、有纪律、德智体美等全面发展的社会主义事业建设者和接班人。坚持面向全体学生，为学生的德智体美全面发展创造条件，尊重学生身心发展特点和教育规律，使学生生动活泼、积极主动地得到发展。2007年，中共中央、国务院发布《关于加强青少年体育运动，增强青少年体质的意见》。2015年，国务院办公厅发布《关于全面加强和改进学校美育工作的意见》。为了推进素质教育，促进学生全面成长，教育部单独或会同有关部门先后出台一系列重要文件，涵盖整体规划大中小学德育体系、加强中小学校园文化建设、以传统节日为主题开展经典诵读和诗词歌赋创作活动、利用社会资源开展中小学社会实践、加强中小学时事教育、民族团结教育、中小学心理健康教育指导纲要、卫生保健工作，落实保证中小学生每天体育活动时间，进一步加强学校体育工作，切实提高学生健康素质，开展全国亿万学生阳光体育运动、全国学校艺术教育发展规划，加强和改进艺术教育活动、中小学劳动教育，推进中小学研学旅行等，并召开多个全国性会议推进落实。2018年的全国教育大会提出了劳育的要求，强调"德智体美劳"全面发展。按照素质教育的要求，基础教育管理体制改革和教育教学、教材课程改革、招生考试改革持续推进，各种校内外学习实践活动和体育艺术活动广泛开展，有效促进了受教育者德智体美的全面发展，长期存在的基础教育学生负担压力过大、应试教育愈演愈烈的倾向得到了价值扭转和逐步缓解。素质教育的理念和实践成果丰硕，深入人心，写入法律，成为改革开放以来最有成效的基础教育理论和实践方法。

5. 基础教育法治保障日益增强。70年来特别是改革开放40年来，基础教育立法执法普法力度不断增强，基础教育体制不断完善。1954年的《中华人民共和国宪法》规定："中华人民共和国公民有受教育的权利和义务。国家设立并逐步扩大各种学校和文化教育机关，以保证公民享受这种权利"，正式以法律的形式确定了广大人民群众的受教育权利。1961年，教育部开始先后颁布《全日制中学暂行工作条例（草案）》《全日制小学暂行工作条例（草案）》，对于完善教学秩序、规范学校管理、提高教学质量、加强学校建设起到了积极作用。1986年制定、2006年修订的《中华人民共和国义务教育法》的成功实施，得到全社会的公认，一代代青少年儿童受益终身，该法案也成为所有教育和社会立法中最为成功的项目。《中华人民共和国民办教育促进法》顺利修订，基础教育公办学校和民办学校、幼儿园依法分类发展，势头良好，前景广阔。近年来，国务院《教育督导条例》（2012）、《校车安全管理条例》（2012）、《关于加强中小学幼儿园安全风险防控体系建设的意见》（2017）密集出台，社会联动体系机制、中小学制度规范不断完善，学校、学生、教师的维权力度不断加大。教育部在20世纪80年代提出依法治校、依法治教的要求，连续发布《关于当前加强中小学管理规范办学行为的指导意见》（2009）、《全面推进依法治校实施纲要》（2012）、《关于进一步加强青少年学生法治教育的若干意见》（2013）、《全面推进依法治教实施纲要（2016—2020）》、《青少年法治教育大纲》（2017），全国大中小学和幼儿园依法治校成绩显著，青少年学生和未成年人公民意识不断增强，违法犯罪现象大幅度降低，涌现出一批依法治校示范校。教育部先后出台《学生伤害事故处理办法》（2002）、《中小学幼儿园安全管理规定》（2006）、《关于开展校园欺凌专项治理的通知》（2016）、《义务教育学校管理标准》（2017），推进法治教育，严肃校规校纪，规范学生行为，学生安全保护、防止欺凌力度日益增强，平安校园、和谐校园推广普及。《学校安全条例》立法工作已经提上日程。

6. 基础教育教学改革不断探索创新。70年间，国家重视教育教学理论和实践改革创新，并将之提炼升华。广大中小学教师和教育工作者积极探索改革基础教育教学内容、形式和方法，提出许多新的教育教学理论和方法，涌现出一大批优秀中小学教育成果，这些都成为基础改革的核心内容。教育教学目标从强调凯洛夫的"基本知识、基本技能"的"两基本"向强调"知识与技能""过程与方法""情感、态度与价值观"的"三维目标"转变，再到提倡发展核心素养。课程结构日趋合理，选修课程、活动课程和综合课程逐步发展。对课程实施的关注逐步增强，关注的层面不断深入。教育评价由侧重甄别和选拔到强调其发展功能，并走向评价内容的综合化、评价方式的多样化和评价主体的多元化。课程管理从国家统一管理到中央、地方、学校三级管理。面对新的时代，要深化课程整合，突出跨学科融合；深化探究式学习和体验式学习，突出项目式学习；深化过程性评价，突出表现性评价。这些教育教学创新发展的经验成果，标志着我国基础教育教学理论和实践整体已经具有时代先进水平，形成中国特色的基础教育现代理论和范式方法。近年来，基础教育课程教材改革不断深化。2017年，国务院成立国家教材委员会。为配合教育教学改革，人民教育出版社自20世纪50年代以来编写出版多部中小学教材，起到教材建设的奠基和引领作用。

三、70年来基础教育改革发展的基本经验和政策启示

1. 坚持中国特色社会主义的基础教育发展道路。中华人民共和国成立以来，基础教育领域坚持党的领导，坚持社会主义方向，坚持走中国特色社会主义教育道路，坚持改革开放，强调立德树人，热爱社会主义祖国，促进学生全面发展，培养具有坚定信念的社会主义建设者和接班人。70年来，全民的受教育水平极大提高。基础教育为国家培养合格毕业生数十亿计，培养了大批合格公民、熟练劳动者和优秀人才。目前，新增劳动力平均受教育年限已经达到13.5年，相当于在接受义务教育、高中教育后又接受了1.5年的高等教育。

2. 国家为全国基础教育制定统一规划。70年来，党和国家对基础教育予以极大重视，在多个国民经济和社会发展的宏观规划中并给予重要的计划地位和项目安排，使基础教育在社会主义现代化全局中得以突显。1985年中共中央《关于教育体制改革的决定》，1993年中共中央、国务院《中国教育改革和发展纲要》，1999年中共中央、国务院《关于深化教育改革，全面推进素质教育的决定》，2001年国务院《关于基础教育改革与发展的决定》，2010年中共中央、国务院《国家中长期教育改革与发展规划纲要（2010—2020）》，2017年中共中央办公厅、国务院办公厅《关于深化教育体制机制改革的意见》以及国务院《国家教育事业发展"十三五"规划》，1998年教育部《面向21世纪教育振兴行动计划》等战略性全局性文件均对基础教育做出目标设置和长期规划，指导基础教育的改革和发展。在教育教学方面，国家重视基础教育统一教学计划、课程要求。改革开放以来，教育部颁布了《基础教育课程改革纲要（试行）》（2001）、《全面深化课程改革落实立德树人根本任务的意见》（2014）和多个中小学教学计划、课程教材方案以及选修课、课外活动要求。按照中央文件精神，2017年义务教育道德与法治、语文、历史三科教材统一由人民教育出版社编写出版。长期统一的教育规划和教学计划推动了世界上学生最多的基础教育的科学性、均衡性、持续性、融通性、标准化和资源共享发展，提高了基础教育的办学质量效益。

3. 中央政府统一领导全国基础教育。1985年,《关于教育体制改革的决定》要求,把发展基础教育的责任交给地方,分级办学,分级管理,一段时间内形成县主管高中,乡主管初中,村主办小学,城市分市、区办学的格局。事实证明,基础教育的责任下放过低造成地方特别是中西部的省、自治区无力负担庞大的基础教育经费、长期拖欠中小学教师工资、中小学建设投资和公用经费短缺、管理能力水平下降等一系列弊端。2006年修订的《中华人民共和国义务教育法》改变了这一做法,明确了义务教育投入实行国务院和地方各级人民政府根据职责共同负担,省、自治区、直辖市人民政府负责统筹落实管理和经费的"双统筹"体制。农村义务教育所需经费,由各级人民政府根据国务院的规定分项目、按比例分担的法律规定,解决了长期存在的义务教育经费不足的问题,也改变了基础教育责任只在地方的政策。具体落实的中央政府承担西部省份义务教育经费的80%、中部省份义务教育经费的50%、东部省份完全自筹的做法,有利于中央政府进一步协调和分配全国经费投入,促进各地义务教育的均衡发展。在管理上,义务教育实行国务院领导,省、自治区、直辖市人民政府统筹规划实施,县级人民政府为主管理的体制。中央政府依法统一制定义务教育法律法规规章和政策规范,同时给省、县级政府留有足够的配套立法和实施举措空间。

4. 基础教育分别由各省、自治区、直辖市统筹实施。在中央的统一领导下,省级政府统筹、县级政府实施的体制,调动了中央和地方改革发展基础教育的积极性,特别是"省级统筹、以县为主"的管理体制,对于防止基础教育管理权限下放过低,强调财力和管理能力较强的省级政府的责任,起到了重要作用。各地根据不同经济社会和教育发展水平,有计划分阶段统筹实施。在中央的统筹协调下,各地确定"六三制""五四制"或"九年一贯制"的学制,符合不同的省情,取得了较好的效果。

5. 基础教育实行以公办学校办学为主的多元办学体制。中华人民共和国成立之初,在全国范围内将接收了外资津贴的544所中学、1133所小学收归公办。20世纪50年代后期,按照"两条腿走路"的方针,实行国家与厂矿、企业、合作社办学并举,调动了各方面办学的积极性,扩大了基础教育的规模。改革开放以来,国家推进办学体制改革,积极发展社会力量办学。中国的基础教育学校实行以政府为主、多个社会主体共同参与举办学校。举办者既有地方政府，也有国有企事业组织和社会团体、公民个人和民营企业。2017年，基础教育民办学校学生分别占全国普通高中的12.9%，中职学校的12.4%，初中的13%，小学的8.1%，幼儿园的55.9%，起着重要的不可或缺的作用。多元办学体制调动了社会各界办学的积极性，分担了政府的财政压力。社会力量参与办学对于形成教育共识，凝练打造教育共同体、扩大教育资源能力十分重要。

6. 基础教育实行学生统一入学接受教育的制度。中国的基础教育均在学校中实施，强调课堂教学。特别在乡村，学校成为文明和文化的象征。学校教育可以更多地让孩子与学校、老师、集体和同龄人交流互动，促进学生的全面发展。国家政策不赞成、不提倡在家上学，在家上学从根本上割断了孩子与学校、与集体、与社会、与同龄人的联系，使孩子的视野仅限于家庭和书本。父母的精力能力局限在孩子的教育上，不能更多地参与社会活动和专业工作，也是极大的浪费。在家上学在行政管理上还要付出额外的支出。现实环境下，很可能有的家庭会以在家上学为借口，让孩子过早进行劳动。因此，国家禁止雇佣16岁以下的童工。现阶段，除了因身体原因外，坚持学校教育、不放开在家上学的政策符合中国国情，有利于基础教育的规范实施和广大青少年儿童的健康成长。

7. 基础教育注重教师的教育教学主导作用。老师在中华传统文化中具有尊崇的地位。中国基础教育非常重视教师的主导作用。教师不仅在课堂教育教学中指导学生，而且应对学生成长的各个方面予以指导。听老师的话，成为中国广大中小学学生的基本要求和常态。对于学生来说，教师在大中小幼阶段教育中的地位和作用有所不同。越对低年级的学生，教师的教育关爱功能越强，对于未成年人的健康成长就越重要。改革开放以来，国家和全社会重视教师，中小学教师的地位待遇提高得到了较为充分的体现。全国人大常委会制定颁布《中华人民共和国教师法》（1993），国务院先后出台《教师资格条例》（1995）及其实施办法、《关于加强教师队伍建设的意见》（2012）。各地均出台《教师法实施办法》，落实法律规定。《中华人民共和国教师法》确定"教师是履行教育教学职责的专业人员，承担教书育人,培养社会主义事业建设者和接班人、提高民族素质的使命"。《中华人民共和国教育法》和《中华人民共和国教师法》规定"全社会应当尊重教师"。国家设立"特级教师"称号,大批中小学教师获得"全国教育系统劳模""全国优秀教师"等多种奖励。全国中小学教师的平均工资水平不低于当地公务员的平均工资水平。教师资格、职务、聘任、考核、奖惩制度不断完善,教师医疗、退休、住房、休假、社保享有保障并有不同程度的优惠。近年来,连片特困地区乡村教师生活补助覆盖21个省份55万名教师,全国中小学教师多人评聘了正高(教授)级专业技术职务。教育部等部门重视提高教师思想政治业务水平,先后出台《关于规范小学和幼儿园教师培养工作的通知》(2005)、《关于大力加强中小学教师培训工作的意见》(2011)、《关于实施卓越教师培养计划的意见》(2014),中小学教师学历合格率不断提升。以高要求计算,2016年,高中教师中具有大学本科学历的占97.9%,初中教师中具有大学本科学历的占82.5%,小学、幼儿园教师中具有大学专科学历的分别占93.6%、68.4%,分别是改革开放前的10倍以上,与中华人民共和国成立之初不可同日而语。目前,教师国家级培训计划全年达到240万人次以上。同时强调师德建设,规范教师行为,教育部先后出台《关于建立健全中小学师德建设长效机制的意见》(2005)、《关于进一步加强和改进师德建设的意见》(2013)、《严禁中小学校和在职中小学教师有偿补课的规定》(2015),促使师德师风日益优良。

8. **基础教育加强国际交流已经成为主要内容和重要方法。** 邓小平同志在1983年为北京景山学校题词:"教育要面向现代化,面向世界,面向未来。"2010年《教育规划纲要》指出:"加强中小学对外交流与合作。加强国际理解教育,推动跨文化交流,增进学生对不同国家、不同文化的认识和理解。"改革开放以来,基础教育国际合作交流广泛深入,外语热持续升温,多边、双边国际合作和人文交流不断扩展,大量基础教育理论和实践做法被介绍到中国,许多中小学与国外境外中小学结成友好学校,学校、教师、学生对外互访常态化,形成对外交流多个项目。2002年后,中国按照加入WTO的教育承诺,开放了高中阶段和幼儿园中外合作办学。多个高中阶段学校举办了国际班,引进了国外教材、课程、师资和管理模式,吸收了国外境外优质教育资源。2009年，中国上海等地中小学学生参加OECD（经合组织）国家PISA（国际学生评估项目）测试，连续获得优异成绩，赢得了世界声誉。2014年，英国开始大规模考察学习引进上海的中小学教材、课程、教法、教师，赴英开展中小学教育教学的效果斐然，受到普遍重视。发达国家开始学习中国的经验。2014年7月，教育部发布《中小学生境外游学旅行活动指南》，推动国际性跨文化体验式教育模式的开展。近年来，国际STEAM、翻转课堂等教育方式在我国方兴未艾，产生了较大影响。基础教育阶段的国际交流合作对于我国广大中小学了解世界教育潮流，学习各国先进办学、教育教学理念模式，推进国际理解教育，提供了机会和渠道，推动了我国教育国际化的发展，促进了我国基础教育水平和质量的提高。

四、新时代基础教育改革发展的政策方向

1. 办好人民满意的基础教育，全面实现基础教育的现代化。2010年《教育规划纲要》指出，到2020年"基本实现教育现代化"。党的十九大报告进一步提出"实现教育现代化，办好人民满意教育"。2018年，全国教育大会提出"教育是国之大计、党之大计"，必须优先发展。新时代的基础教育工作要贯彻好十九大和全国教育大会精神，以习近平新时代教育思想为指导，科学回答并有效解决"培养什么人、怎样培养人、为谁培养人"的问题，不断提高教育教学质量和为人民服务水平，统一城乡学校建设标准、城乡教师编制标准、城乡义务教育学校生均公用经费基准定额，加强建立义务教育学校国家基本装备标准，加大基础教育的标准化、信息化、法制化、国际化的推进力度，并具体解决好入学渠道方式便捷畅通、优质资源均衡和优化管理服务等难点热点问题，将我国的基础教育质量水平推进到世界前沿。

2. 基础教育重点发展学前教育。目前，学前教育受到空前的重视，已经成为基础教育阶段全社会最为关注的领域。国家高度重视学前教育，正在加快起草《学前教育法》，相关的政策正在实施，管理和保障力度不断加强。2010年，国务院发布《关于当前发展学前教育的若干意见》十条，着力解决入园难问题，满足适龄儿童入园需求，促进学前教育事业科学发展。近

年来，教育部发布《3—6岁儿童学习与发展指南》（2012）、《关于开展幼儿园"小学化"专项治理工作的通知》（2018）。自2010年开始，国家连续实施三期《学前教育三年行动计划》，公办幼儿园学额大幅增加。公办幼儿园退出、学前教育发展主要交由民办幼儿园的倾向得到改变和扭转，普惠性幼儿园到2020年将达到80%，按照《教育规划纲要》要求，2020年普及学前一年教育，基本普及学前两年教育，有条件的地区普及学前三年教育，重视0—3岁婴幼儿教育。

3. 基础教育开展更为广泛的社会合作。随着基础教育环境生态的日益复杂多元多样，人们越来越多地认识到必须将学校教育和家庭教育、社会教育更为紧密地结合起来，必须与众多社会部门机构合作，综合治理，共同育人。政府各有关部门和社会各界对于中小学教育高度关注，支持力度和资源贡献日益加大。中小幼家长委员会普遍建立。《家庭教育法》的起草工作已经提上日程。基础教育社会实践日益拓展，中小学生夏令营、冬令营和各种校外活动纷纷出现。2018年，教育部、民政部、人社部、工商总局办公厅印发《关于切实减轻中小学课外负担开展校外培训机构专项治理行动的通知》，对开展校外培训活动进行严格规范整顿。教育的社会合作，日益呈现出广泛、深入、精准的特点。

4. 基础教育从普及优先到质量优先转向。随着基础教育普及程度和教育公平均衡的基本实现，教育质量提高和优质教育资源的扩大共享转为最为重要的政策目标。基础教育提高质量要打牢基础、采取多方努力、多元举措的方法进行，同时避免增加学生课业负担。着力提高教师素质和教育教学水平，进一步改革中高考方式，推进小班化、案例化教学。质量优先绝不是智育优先，提高教育质量水平的根本标准是优秀人才的培养，要进一步强调立德树人、全面发展优先，培养适应新时期发展的一代新人，为中华民族伟大复兴奠基。

5. 全面加快推进基础教育信息化。改革开放以来，我国基础教育积极发展广播电视教育和学校电化教学，计算机教育全国普及，成功推进了中小学远程教育工作，实现了村村连、班班通、堂堂用，极大提高了农村教育特别是老少边穷地区的教育教学水平。面对新的时代，《教育规划纲要》指出，到2020年，基本建成覆盖城乡学校的教育信息化体系。重点加强农村学校信息基础建设。开发网络学习课程，继续推进农村中小学远程教育，使农村和边远地区师生享受优质教育资源。创新教学手段，鼓励学生利用信息手段主动学习，增强运用信息技术分析解决问题的能力。《国家教育事业发展"十三五"规划》要求，积极发展"互联网+"教育，加强无线校园建设，实现中小学网络全覆盖和网络教学环境的普及。

6. 在基础教育教学中强调群体个体并重发展。我国基础教育长期具有集体学习、群体教学的特点。自2010年开始，学生和人才的个体化发展要求进入到党和国家的政策视野。《教育规划纲要》要求推进人才培养体制改革，要树立多样化人才观念，尊重个人选择，鼓励个性发展，关注学生不同特点和个性差异，发展每一个学生的优势潜能。这一要求适应了人民群众对于教育质量提升的要求，指出新的全面发展和人才培养的方向。并且提出，推进分层教学、走班制、学分制、导师制等教学管理制度改革。建立学习困难学生的帮助机制。改进优异学生培养方式，在跳级、转学、转换专业以及选修高一学段课程等方面给予支持和指导。健全公开、平等、竞争、择优的选拔方式，改进中学生升学推荐办法，探索高中、拔尖学生培养模式。《关于深化教育体制机制改革的意见》要求，在培养学生基础知识和基本技能的过程中，强化学生关键能力培养。培养认知能力，引导学生具备独立思考、逻辑推理、信息加工、学会学习、语言表达和文字写作的素养，养成终身学习的意识和能力。培养合作能力，引导学生学会自我管理，学会与他人合作，学会过集体生活，学会处理好个人与社会的关系，遵守、履行道德准则和行为规范。培养创新能力，激发学生的好奇心、想象力和创新思维，养成创新人格，鼓励学生勇于探索，大胆尝试，创新创造。建立以学生发展为本的新型教学关系。变革教学组织形式，灵活采用集中授课、小组讨论、个别辅导、实践体验等多种形式。改革学生评价方式。突出能力导向，加强过程评价，注重综合评价，建立选课和生涯规划指导制度，鼓励教师全员参与指导学生学习成长。在评价学生时，要全面真实评价每一位学生的发展。培养每个学生各有一两门艺术、体育特长。这就表明，我国基础教育在2020年完成全面普及和基本均衡目标后，应当进一步将受教育者的个体化、个性化发展与群体化、集体化发展结合起来，强调质量提高和优异人才培养，为办好人民满意的教育实施新的战略，进行新的探索，做出新的贡献。

7. 中小幼家长委员会普遍建立。《家庭教育法》的起草工作已经提上日程。基础教育社会实践日益拓展，中小学生夏令营、冬令营和各种校外活动纷纷出现。2018年，教育部、民政部、人社部、工商总局办公厅印发《关于切实减轻中小学课外负担开展校外培训机构专项治理行动的通知》，对开展校外培训活动进行严格规范整顿。教育的社会合作，日益呈现出广泛、深入、精准的特点。

8. 基础教育重点发展学前教育，开展更为广泛的社会合作。从普及优先到质量优先转向。全面加快推进基础教育信息化。在基础教育教学中强调群体个体并重发展。强调质量提高和优异人才培养，为办好人民满意的教育实施新的战略，进行新的探索，做出新的贡献。

科学回答并有效解决"培养什么人、怎样培养人、为谁培养人"的问题，不断提高基础教育教学质量和为人民服务水平，统一城乡学校建设标准、城乡教师编制标准、城乡义务教育学校生均公用经费基准定额，加强建立义务教育学校国家基本装备标准，加大基础教育的标准化、信息化、法制化、国际化的推进力度，并具体解决好入学渠道方式便捷畅通、优质资源均衡和优化管理服务等难点热点问题，将我国的基础教育质量水平推进到世界前沿。

基础教育重点发展学前教育，开展更为广泛的社会合作。促使基础教育走上新的台阶，基础教育均衡和义务教育验收不达标的，不允许新办和升格高等学校。

· 第五期（报告团）·

李明康，成都市金牛区金泉街道党工委副书记、纪工委书记、监察办主任，挂任石渠县交通局副局长，先后被评为"四川省对口帮扶贫困县先进个人""四川省优秀援藏干部"，被授予"四川省脱贫攻坚奉献奖"称号。

王成川，苗族，中共党员，中小学高级教师，毕业于四川师范学院物理系，2001年参加工作。四川大学附属中学新城分校副校长，武侯区骨干教师，武侯区物理学科带头人，成都市未来名师，成都市优秀德育工作者。感动武侯十大人物，成都市十佳教师党员先锋，成都市民族团结进步先进个人，四川省援藏工作先进个人，全国"新课程·新课堂"赛课一等奖获得者。

周　艳，简阳市华西九义校信息技术一级教师。2017年8月由简阳市教育局选派到阿坝州黑水县芦花小学支教。两次援藏支教黑水县芦花完小，为支教小组组长。

张　平，回族，中共党员，教育硕士，郫都区实验学校一级教师。于2014年8月加入郫县第三批援藏工作队，和其他19名援友一道进入甘孜州道孚县工作，挂任道孚县第二中学校长助理。

用真心扶贫　用真情答卷

李明康

（文章根据讲座录音整理）

我叫李明康，是一名拥有24年党龄的党员。2013年从部队转业到金牛区建设和交通局工作，援藏前任成都市金牛区建设和交通局纪工委副书记、监察室主任，挂任石渠县交通局副局长。2017年5月，又被省委组织部选派到石渠县奔达乡格绒村担任第一书记。现任成都市金牛区金泉街道党工委副书记、纪工委书记、监察办主任。28年的工作经历中，有25年都是在边远艰苦地区度过的。援藏期间，两位亲人先后去世，小孩出生刚35天又到援藏一线，至今也没有好好陪陪正在上高中的女儿。作为成都市金牛区第四批援藏干部、驻村第一书记，我独自一人驻在只有一个汉族人的村里，克服了各种不便和困难，带领全村圆满完成了脱贫任务，为当地留下了一支带不走的扶贫队伍。援藏期间，我始终坚持战斗在第一线，初心不改，使命依然。带着对当地群众的关心，背负着压力和挑战，认真履职尽责，履行着一名援藏干部的使命，诠释了一名党员干部的担当精神，为援建工作做出了突出贡献。曾先后被评为"四川省对口帮扶贫困县先进个人""四川省优秀援藏干部"，被授予"四川省脱贫攻坚奉献奖"称号。

两年援藏心，半世雪域情

王成川

（文章根据讲座录音整理）

很多年前，我读过这样一首诗："住进布达拉宫，我是雪域最大的王；流浪在拉萨街头，我是世间最美的情郎。"这样的诗句在那个青春韶华的年代，无时无刻不荡漾在我的心房。

2002年、2006年我两次与高原支教擦肩而过。2014年，我通过积极申请，终于没有再次错过，有幸成为成都市第三批援藏干部人才中的一员，前往甘孜州白玉县开始了为期两年的援藏工作。工作期间，我担任武侯援藏队教育组组长，挂职白玉县中学副校长，分管德育工作。在那里，我挥洒激情和汗水，体验人生百味，经受灵魂洗礼。

神秘而圣洁的雪域高原，对很多人来说既陌生又内心神往，很多人将它视为一生必去之地。那里为什么那么令人神往？不妨用作家杨志军作品中的一段话来回答："（放藏歌）在离天最近的地方，在空气最少的地方，在阳光最多的地方，在河流最密的地方，在地域最广的地方，在生活最难的地方，在死亡最易的地方，一种精神正在生长，一种不屈服于苦难和落后的人格精神正在诗意地生长，一种源于爱情、源于自然、源于信仰、源于崇高的悲剧精神正在艰难地生长。"我比较认同这个定义。

今天，我有幸来到"庆祝新中国成立70周年暨成都市优秀援藏干部人才事迹报告会"现场，备感荣幸。下面，我将以"两年援藏心，半世雪域情"为题，和大家一起分享和回忆我的援藏往事。

2014年8月4日，盛夏的成都，空气湿润，阳光明媚，进藏的大巴与成都渐行渐远。"把武侯的精神带过去，把白玉的感情带回来。"领导的这句嘱托越来越清晰，它指引着我援藏工作的方向。

一、用心教学，用真爱托起藏家孩子求学发展新梦想

作为一名援藏教师，我始终坚持以"学高为师，身正为范"的标准严格要求自己，以健康文明的形象为人师表、仁心育人。

刚去白玉，学校领导怕我们不适应这里的教学，让我们做做师资培训、学校管理就行了。但我却觉得讲台就是舞台，上课是一名教师的本分。教育援藏，就要援教，不上讲台，就没有示范。所以我主动承担起两个藏文班的物理教学。这一决定在给我带来成就感的同时，也给我带来了不少的挑战。

我是一名高中物理教师，照说教初中学生，一定会得心应手，游刃有余。可是，开学刚上第一节课，我就懵了。课堂上有这样一道填空题：一个成年人的身高是175（　）。括号里需要填写一个物理单位，选择项有：厘米、分米、米、千米。你觉得该选哪一个呢？你们都知道正确答案，结果却不是这样。班上30多个学生，竟然有一半都选了千米！这怎么可能呢？我不是刚把单位及单位换算都教他们了吗？数学课上也学过。175千米，不是快成了白玉县到甘孜县的距离了，有那么高的人吗？我顿时无语，尴尬无比。我放眼望去，一双双羔羊般无邪的眼睛镶嵌在红红的脸蛋上，那样明亮，那样求知若渴。他们不是故意的，我相信他们。

下课后，我走近学生，一一交流，发现两个班分别有10多个学生不懂汉语。他们来自遥远的牧场，小学的时候，为了完成"控辍保学"指标，往往都是老大读一学期，老二再读一学期，保证每个家庭有一个人读书就行了。好多同学来读初中，不是学业水平达到了，而是年龄到了，所以班上的学生年龄分布不均，最小的10岁，最大的20岁。有10多个学生小学只读了三四年，其余时间都放牛或挖虫草去了。

经过一番思考，我决定把武侯"小组合作学习"模式用起来，课堂上让汉语好的学生和汉语不好的学生结伴而坐，帮扶学习，再通过给小组成员分配不同的学习任务，全力构建"学习共同体"。我把自己也当成一名新老

师，认真教书、全心育人。针对班上存在的基础差、习惯不好、语言不通等问题，我坚持降低难度、巧设台阶，抓住学生的"最近发展区"，使学生从点滴的积累中获得学习成功的快乐。

为了训练他们的汉语口语表达能力，我还组织"课前演讲"，让学生在每节课用前3分钟时间讲一个小故事，唱一首汉文歌曲，讲当天见闻。付出总有收获，汗水总会带来欣慰的微笑！从不会到会，从几个字到几十个字，从一个短语到一篇短文，从一句古诗到一首诗词，从点滴积累到量变质变，说声"老师好"都会憋出泪水的土登多杰，终于可以用汉语回答物理问题了，普通话不太流利的四郎拉姆可以上讲台当"小老师"了，腼腆羞涩的扎西斑鸠可以走向主席台进行国旗下演讲了。

物理月考得3分的牛麦彭错让我不要管他，他说他初二结束就会去当喇嘛。我跟他说："即使当喇嘛，你也要当一个有知识有文化的喇嘛。"我还"破格"让他当了学科代表，这也是为了每天能有更多的机会见到他，表扬他。两年的支教生涯结束了，他没有去当喇嘛。最近他还给我打电话，说他从"9+3"毕业了，准备考取教师资格证，争取和我一样当一名老师。

当地家长教育观念薄弱，虫草季节，很多学生都要离开学校上山挖虫草。我早早地告诉他们，王老师的课堂"一个都不能少！"，包括我自己。有一段时间，我的喉咙发炎严重，饭都没法吃，天天输液，天天吃从来不吃的抗生素。2015年3月的一天，由于两个星期不能进食，坚强的我还是病倒了。想起对学生的要求和承诺，我坚持备课，坚持让学科代表扶我进教室。因为我是一名成都武侯来的老师，一名援藏党员教师，我反复暗示自己：即使爬也要爬上讲台，把课给上了。我要用行动来告诉这里的学生、老师和当地父老乡亲，无论前路有多艰险，挑战有多大，只要再坚持一会儿，一切都会好起来的！

在白玉的每一天，我总是期待通过自己的坚持，多帮带一个老师，多教好一个学生。通过教好一个学生，带动一个家庭，通过一个家庭，影响一个村庄。这样，白玉的"控辍保学"就不再那么难，脱贫攻坚的路就不再那么长。

经过两年努力，我所任教的两个班都变得团结活跃，每个学生都健谈善问，物理平均成绩都上升了近30分，10多名同学期末都达到了90分。中考前的一天，部分班级的学生都陆陆续续回家了，而这两个班的学生一个都没有少！

2014年、2015年，白玉县中学参加甘孜州学科调考，物理学科成绩获得全州第三名，2016年中考成绩获得甘孜州北路片区一等奖。作为甘孜州的偏远地区，能够获得这一成绩，着实不容易。这个成绩，不仅与成都常年分批次援藏支教老师的付出有关，更与成都、甘孜教育战略合作有关。

二、潜心育人，用智慧营建高原学子全面成长新环境

作为挂职副校长，我倾情教育，潜心育人。初到白玉，工作理念、语言、风俗习惯完全不同，高原反应强烈，要开展好工作，需要克服重重困难。为了尽快熟悉学校情况，到校第二天，我就找学校老师、学生、后勤管理人员座谈交流，了解学校管理，了解学校教学，了解学校文化，了解当地风土人情。为了更快融入新团队，我主动找校长汇报思想、交流想法。

"沟通产生共鸣，心动才能行动"。开学第一周，我就梳理出学校行政值周、班级考核、大课间改革、班主任考核、德育行动计划等10余项制度和工作计划，让学校德育管理由粗放型逐渐向制度化、规范化、科学化转变，使考评督导有据可依，让评优评先有据可查，使工作开展有序可循，逐渐克服"评优选先靠印象""晋级升职靠关系"的"人治"弊端。

学校的制度建设一天天完善，行政管理效能不断提高，人人有事做、事事有人做的氛围基本形成。但有一件事始终梗在我心里，那就是大课间改革。从8月开学到10月底，学校始终不见行动。我每天站在教学楼前的台阶上，望着操场上稀稀拉拉站立着、懒洋洋做着第七套广播体操的学生们，作为一名长期工作在德育战线的老师，我真有点受不了。改，一定得改！

大课间作为"一小时体育锻炼"的一项重要内容，学生不喜欢，肯定就起不到强身健体的作用。为了能让这项改革落实落地，我先后找到体育老师、德育干部、学校领导沟通交流了10多次，再与学生会干部、体育老师一起来设计改革方案。

2014年11月中旬,白玉县中学的大课间变热闹了。礼仪文明宣誓、广播韵律体操、成队列密集跑、藏舞锅庄、兔子舞正式启动……丰富多彩的环节有条不紊,动静结合。学生们兴高采烈,载歌载舞,他们的活力感染了老师,带动了领导,老师和学生一起欢笑跳跃,一起动了起来,舞了起来。藏民族,是一个会走路就会跳舞,会说话就会唱歌的民族,老师和学生一起走到阳光下,跳起来,舞起来,场面真的很美。这一次大课间改革,来得很艰难,效果也很明显。这一改革激活了校园氛围,体现了民族特色,也让老师和学生们在活动中感受到了"文化认同"和"文化融合"的自然。

2014年11月23日,甘孜州电视台对学校大课间活动进行采访报道。2015年10月,新浪网也对此进行了长时间的报道,网络点击量达到16万人次。这是白玉县中学第一次有这么多学生和老师参与的对外宣传活动,也打开了外界了解白玉教育的一扇窗口。

除了大课间改革,还有学生自治社团的建立,艺术空间的创建,升旗仪式的改革。因为在这雪域高原,升旗仪式是一项非常严肃认真的活动,是进行爱国主义教育、民族团结教育、规则文明教育和感恩教育的重要平台。

三、悉心帮带,用理念引领当地教师专业提升新境界

百年大计,教育为本;教育大计,教师为本。为白玉留下一支"带不走,留得住,上得来"的高素质教师队伍,是党委、政府、教育主管部门交给我们的一项重要的援藏任务。其中,"传帮带"工作就是完成这一任务的重要举措。其形式主要有两种:一是"一对多"的专题培训,二是"一对一"的结对帮扶。

作为"优教成都"理念的传递者、践行者,我在学校开展了一系列关于师德、师能、职业规划的专题讲座。希望通过集体培训,大面积、高效率、整体提高老师们的质量意识和专业能力。

根据教育组"传帮带"工作要求,我一对一"传帮带"6名当地老师,6名援藏队员一共就帮带36名老师。两年时间,开展"一对一"指导600余次、专题研究300余次,班会课、示范课、汇报课"点对点"指导800余次。

我的"传帮带"对象王行均老师工作三年就成了甘孜州骨干教师，洛绒降措、嘎让等3名教师获得县级"优秀班主任"称号，指导谭春兰老师参加甘孜州"优质课大赛"获得全州第二名。"传帮带工作，教育在先行，没想到教育传帮带有这么好的效果，下来后一定要总结经验，推广开去。"白玉县时任组织部胥东部长这样评价教育组的"传帮带"工作。

每年，武侯区还定期选派优秀干部教师组团到白玉献教、讲学，白玉县定期选派两批近50名教师走进武侯学校跟岗学习。还通过"党建云校"，进行党员骨干教师"远程指导"，努力将成都先进的教育理念、教学技术手段传递到结对学校、偏远学校，引导当地党员教师不忘初心、牢记使命，做好藏家孩子生命成长的引路人。

四、贴心帮扶，用行动赋予藏家孩子幸福成长新希望

白玉的冬天，特别寒冷。在全面推动"脱贫攻坚"，全面建设小康社会的大背景下，高原牧区的父老乡亲需要教育的帮扶，也需要物质的帮扶。所以，除了人力、智力援藏以外，我也加入到了力所能及的"物力"帮扶工作中。

有一天下课后，我收拾起教案走出教室，一阵哭声从走廊转角处传来，一群学生围在那里。我急忙走上前，探问究竟。原来哭鼻子的是尼安拉姆，这名孩子4岁时出过意外，从楼上摔下来，撞伤了头，后来伤虽好了，却留下后遗症。她说话做事总比同龄孩子慢一拍，特别腼腆，自尊心特别强。问起原委，原来是她们班里今天自发组织了一个班级活动，需要每个同学出15元钱。她家里贫困，拿不出这笔钱，所以急得哭了。我怎么忍心让这本就不幸的孩子那么伤心呢？所以我顺手从包里掏出钱让其他同学帮她交了，并对她说："今后遇到这样的事情，记得告诉老师，老师会帮你的！"

为了进一步对尼安拉姆开展帮扶行动，周末我和其他几个援藏老师一起，带上大米、面条、猪肉等物品，赶往她那离县城60千米的家，进行家访。去了才发现，尼安拉姆父亲早逝，母亲一人带着她，长期借住在舅舅家。最近舅舅家新居还未落成，母女俩只好搬进四面漏风的岩洞房中住下，

地上用石头垒了一个火坑，用铁锅架在上面煮米饭。这我是知道的，不加高压，是煮不熟的。尼安拉姆的母亲知道我们的来意后，激动得泪流满面。

通过交流，我发现，尼安拉姆的母亲年纪并不大，但因为贫穷和劳累，如今视力很差，腿脚风湿严重，已经没有能力上山挖虫草了，家里唯一的经济来源都没有指望了。11月的白玉，天气已经寒冷，她还穿着凉拖鞋，薄薄的衣衫下，瘦弱的身体瑟瑟发抖。看到这一窘况，我们几位援藏老师再一次掏出了自己的钱包，还承诺，如果尼安拉姆一直读书，我们会一直支持！交谈中，尼安拉姆的母亲不停地擦拭眼泪，反反复复说着几句我们听不懂的话。通过翻译，我们知道，她说的就是：感谢老师，感谢共产党。

家访结束回校，我打电话给成都的爱人，网购了棉衣、棉鞋，有尼安拉姆的一套，还有她妈妈的一套。这个冬天，我希望尼安拉姆一家不再那么寒冷。两年时间，除了尼安拉姆，我还另外结对帮扶了6名贫困学生，还通过热心朋友为白玉县中学、金沙小学募捐了近2万元的体育用品、文具和书籍。

五、热心拓展，用务实助力雪域高原脱贫攻坚新高度

武侯区委、区政府历来高度重视对口帮扶工作，尤其是对甘孜州白玉的教育帮扶。从2000年开始到现在，已经持续20年，共选派援藏支教干部教师19批次220余人。

为了让援藏干部人才在白玉县安心工作，每年武侯区委、区政府、区教育局相关领导都要带队赴白玉县考察、慰问，回到成都还安排座谈会、经验交流会、体检。每逢节假日，武侯区委、区政府、区教育局主要领导还分别到援藏干部人才家里嘘寒问暖、座谈交流，帮助解决援藏干部人才的家庭困难。

没有了后顾之忧，每一名援藏干部人才在雪域高原上都安心援藏，全情投入。所以，我除了做好教育教学工作以外，还积极参与到拓展援助工作中。

为了促成武侯白玉新一轮教育帮扶计划的落地落实，我和教育组的全体队员实地走访，考察调研，详细了解白玉县各学校的真需要、急需求。在大

家的积极参与和推动下,武侯7所中小学、幼儿园对口白玉22所中小学、幼儿园,开始了结对帮扶行动。从此,武侯白玉教育对口帮扶实现了从"区域结对"逐步落实到"校校结对""师师结对""生生结对"的新生态。

同时,作为武侯簇桥、白玉沙马街乡结对联络人,我特别关注对学校的援助。在实地调研沙马小学后,我发现学校缺乏文化氛围,所以特地向簇桥街道办事处申请,争取学校文化建设资金近10万元,为6位老师每人装配了一台电脑。还为沙马街道建设、扶贫救困等争取援助资金近40万元,协调落实沙马乡镇太阳能点亮工程。

另外,我还积极参与"爱在白玉"行动。2016年4月,我来到白玉县盖玉乡3所学校,开展了为期一周的"送教下乡"行动。我来到白玉县海拔最高的沙通小学,带去了武侯教育新理念,带走了对教育援藏的新认识,感受到了雪域奉献的新高度!

为了宣传白玉,助力白玉新发展,2015年暑期,我们在武侯祠南郊公园摆摊设点,做白玉旅游讲解员。同时,组织教育组通过新媒体发起"暖冬助学"行动,募集到援助物资10余吨,惠及当地10多所学校近2000名学生。

六、同心携手,用深情续写武侯白玉汉藏情谊新篇章

在白玉的两年,我最怕月亮圆的晚上。高原明月,辽远而美丽,空气中飘着格桑花香。但景越是美,越让人神伤。欧曲河从白玉县城潺潺流过,传说中,她就是当年文成公主远嫁时流下的眼泪。泪汇成河,河涌起浪,奔流向前。

月亮越大,我越想家,越睡不着,只能在操场上仰望星空,思念2000里外同一轮圆月下的亲人!

只身在这雪域高原,高寒缺氧,一粥一饭都是自己做,着实有些惆怅。白玉校园这些可爱、乖巧的学生,热情开朗的同事,自然就成了我的亲人。还好,武侯区委、区政府、区教育局领导不时来白玉关心、慰问我们,带来家人的消息,才让当时独居白玉高原的我们,不再有那么多的孤单、寂寞和担心。

每每新学期开学，我放假归来，还是由衷地感受到援藏老师的幸福。每一次走过校园，我总有一种暖暖的感觉。从操场到走廊，从走廊到教室，一路上，学生们要么击掌招呼，要么挥手致意，要么大声呼叫"帅哥老师好！"，认识的、不认识的都这样。尤其土登多杰，每次都远远地跑过来，羞羞地"抢"过我手里的书本和教案，抱在胸前，和我一起走进教室，红扑扑的脸蛋激动得放光。

对这些可爱的孩子，在教学中，我除了教他们读书写字外，还给他们讲山外的世界，讲街道和城市、山和大海，让他们懂得生活不仅要盯着今年的牦牛和虫草，还需要有开阔的眼界、合作的意识、感恩的思想。

如今，此去五年，回首望，眷恋的白玉校园，留下一路和学生、同事共同成长的足迹。700多个日夜，不曾懈怠和停留，汗水和心血最终凝结成人生一页多彩的回忆。

再回首，不虚此行，不留遗憾，践行着承诺、责任和使命；望前路，不忘初心，砥砺前行，继续做一个"靠谱"的党员教师。在"优教武侯"思想引领下，捧一颗心来，把四川大学附属中学新城分校建成一所底蕴深厚、质量优异、特色鲜明的高品质未来学校，让武侯新城水韵天府附近的孩子也能享受到公平而有质量的教育。

最后，祝愿成都教育，更加兴盛；援藏事业，伟业长青；大山的孩子们，学业有成；白玉的明天，更加美好。白玉，有缘再见！

祝各位开心快乐、事业有成。谢谢大家！

时短情长，难忘支教

周 艳

（文章根据讲座录音整理）

各位领导、同人：

你们好！

我是来自简阳市华西九义校的周艳，今天能够在这里代表简阳的教育工作者、简阳全体援藏老师与大家分享支教工作，内心非常的激动和自豪。

2017年8月第一次援藏支教工作结束后，我得到了受援学校的厚爱，诚邀我继续支教一年；2018年9月，受简阳市教育局领导的信任，我担任支教小组组长，和其余8位同人开始了第二年的支教工作。我们深知：只有兢兢业业，对教育负责，对学生负责，才对得起"支教老师"这个神圣的称号。

带着简阳教育局领导的殷切希望，我和伙伴们告别家人，来到川西高原上的一所小学——黑水县芦花完小。我们克服着高原环境的不适，开始了我们的支教旅程，用全新的工作热情体会支教的快乐与人生价值的美好。

第一周的教学工作结束后，我们满腔的热情被现实打败了。当地孩子们的成长差距让我们始料未及：绝大部分孩子根本没有学习的习惯，不做作业，上课听讲的不到一半，甚至课桌上都是空的，什么书都不摆，课堂纪律差，还有许多的不良风气。学习成绩方面更是无法想象，三年级、六年级的语文、数学平均分只有40分左右。三年级的孩子生字不会认不会写，大部分的孩子拼音完全不会，而六年级的大部分孩子甚至连基本的加减乘除运算都不会。我们所教的六年级两个班，上学期数学的及格人数分别只有4人和7人。而信息技术这门课程，孩子们更把它看作是一门休闲娱乐课，上课只喜欢玩游戏、看视频。家长方面，2/3以上都是不懂汉语的爷爷奶奶，和老师无法沟通……

面对这些问题，我们没有退缩，而是把各自担任的班级和学科中出现的问题一一进行梳理，根据学科和班级特点制定初步解决方案：一要规范孩子们的学习习惯，二要对孩子们的遗漏知识进行补习。我对伙伴们说：我们必须给自己定一个目标，无论是多差的孩子，我们一个也不能放弃。我们要尽自己最大的努力，让孩子有进步，有提高，哪怕是让孩子们多认一个字，多算一道题，成绩多提高一分。

芦花完小有个简阳班。我第一天走进教室，发现教室里一片狼藉，大部分孩子衣着邋遢，打架斗殴更是家常便饭。留级学生桑基旦增，不做作业的因波兰江，只会哄骗家长和老师的根嘎泽仁，留守孩子何金宝，单亲留守孩子扎西泽郎，每天班上"战火"不断。他们还会殃及一、二年级的小同学，伙同四、五、六年级的哥哥姐姐惹是生非。不要说学习，就连最基本的规范都无从谈起。正如三年级三班老师说的，他们班再难管，都比这个班好管。曾经的该班班主任兴高采烈地说："我终于摆脱了这个烂摊子！"面对如此糟糕的班级，我们简阳支教的钟知文老师主动承担了该班的班主任和数学教学工作，陈素英老师主动承担了该班的副班主任和语文教学工作，并表示：将不负厚望，竭尽全力，争取最大的进步。

从此，"简阳班"诞生了……让大山的教育走出大山，使大山里的孩子与我们山外的孩子一样，放眼看世界，绽放智慧光彩。

钟知文和陈素英老师根据班级的实际情况，采取制定班规规范行为，以目标作航向，首先拟定了班规，着重培养班干部。细化了卫生习惯、劳动习惯、听课习惯、读书习惯、作业习惯，设置了个人加减分，四人小组加减分，在比拼中提高了孩子们的学习和竞争意识。两位老师利用周末走遍了绝大部分孩子的家，与家长谈孩子的教育，谈孩子在学校的表现，谈孩子存在的问题，得到了家长积极的配合和支持。

两位老师每天坚持提前到学校，一位老师开校门前在教室里等候组织学生学习，另一位老师负责在校门外督促，满操场追赶学生进教室。这样的情境持续了相当长一段时间。渐渐地，追赶的场景越来越少，直到有一天孩子们整整齐齐坐在教室里大声朗读，个个脸上洋溢着自信的神情！

针对班级孩子的特点，结合多年的从教经验，简阳的支教团队设计了一套"教、领、放、考"的教学方法用于日常教育教学工作中。孩子们的学习兴趣提高了，学习态度端正了。原来班上的学生想方设法要转班，现在其他班的孩子都想转到简阳班。全班同学进步很大，期末考试成绩一跃名列同年级前茅。

一、无私奉献，不放弃任何一个孩子

经过一段时间的观察和了解，我们发现，芦花完小的本校老师基本不愿意担任六年级的教学工作。而知识遗漏最突出、最普遍的应该就是毕业的孩子们，六年的知识遗漏让孩子早就失去了学习的信心和兴趣。

面对这个情况，简阳支教的4位老师毅然承担起六年级的教学工作。白毅英和李玲两位老师分别担任语文教学工作。为了给孩子们补习遗漏知识，两位老师基本每个周末都在寝室整理补习资料，包括每一册语文的字、词、句，该背的诗词美句，阅读理解，许多时候工作结束都是凌晨了。两位老师的敬业精神打动了孩子们，孩子们拿着手里厚厚的知识集深情地说：这是老师为我们准备的学习资料！原来调皮、不上进的孩子们看到了两位老师的辛勤付出，也非常懂事地尽自己最大的努力学习。

范雪梅和付涛两位老师担任的是毕业班的数学教学工作。六年级的孩子，基础知识差，不会运算的学生占2/3，10以内加减法不会的学生大有人在。无论月考还是大考，20分以下的人数占1/3，及格人数一般只有几个人，整个县城的高中部没有一个理科班。山区孩子学习数学的能力这么薄弱，数学老师的教学难度可见多大。但两位数学老师没有一丝抱怨，从最基础的数学概念、口算、计算开始补，每天吃完午饭1点过就到学校，每天10道口算题，10道计算题，让学生一个一个过关。不会的学生下午放学后留下来单独辅导，每天下午回到寝室都是7点左右了。尤其是付涛老师，从高三数学一下到小学数学，教学对象、教学内容发生了巨大的改变，付老师付出了极大的耐心来调整教学方式以适应孩子们的学习。

六年级下学期，大部分知识是解决问题的应用。由于基础知识缺失太多，绝大部分孩子就是"坐飞机"，完全听不懂。两位数学老师问我："组长，怎么办？还有半学期的时间，这些孩子难道就坐在教室里等下课吗？"通过一番讨论，我们做了一个大胆的决定：将每个班的孩子分成三个班，进行分层次教学。具体做法是：一个班选出10个能听懂的孩子组成一个班，由付涛老师继续教授后面的内容，并且重点培养他们的数学思维和计算思维，给他们补习一些难度大的数学知识（因为数学课都是上午第一二节课，信息技术课都是上午第四节课，所以可以在我的计算机教室上课）。剩下的孩子分别由我和范雪梅老师来教。下午放学后，在征得家长的同意后，我们把愿意补习的孩子留下来，从口诀表以及整数、小数、分数的加减乘除开始，给他们补习数学基础概念、运算技巧。

通过一系列措施和我们共同的努力，孩子们参加阿坝州的毕业统一调考，数学成绩有了明显提高，两个班的及格人数分别从4人和7人增加到20人和23人，平均分分别从五年级下学期的39分和40分提高到61分和63分。在小升初过程中，六年级三班的德青被绵阳外国语学校录取，易雨瑶被汶川威师附中录取，创了芦小的先例。两个孩子的家长同时也是芦小的老师，她们非常感激地对两位老师说："太感谢你们了，如果你们没来，这两个孩子不可能考上外面的学校！自从你们接受了孩子们的数学课，他们再也没有觉得数学学习有难度了！"

二、探求创新教育帮助孩子

经过长时间观察，我发现当地孩子放学后回到家里无人看管，无人辅导，对知识的理解差异也很大，孩子听不懂，学校时间又有限。我就想，有没有什么方法可以在一定程度上帮助孩子们呢？最终，我想到了"手机微课"。和老师们商量后，他们纷纷响应。

首先，我们想到了针对拼音的学习。当地孩子的母语不是汉语，因而学习拼音非常有难度，从一年级到六年级，大部分孩子的拼音都不过关。接下来，我们在简阳班进行摸底调查，班级人数50人，会声母的22人，会韵母的

4人，完全不会的达32人，整体认读音节基本会的3人，其余的全不会。刻不容缓，马上行动！大家分头行动，买拼音卡片、录制设备……而后，利用晚上和周末时间录制微课。就这样，我们为孩子们录制了一套（20节）"学拼音小课堂"，并通过微信分享给家长，让家长督促孩子在家学习。家长们第一次看到这么亲切的学习方式，激动地对我们说："你们太敬业了，孩子们在家也可以听老师讲课了！"其他年级的语文老师也把我们的微课拿去给他们班的孩子共享学习。

付涛老师也积极响应，将以往学习的旧知识，学生中普遍存在的疑难问题，当天放学前就把微课录制好并分享到班级群，孩子们回到家可以根据自己的掌握程度再次学习。为了让孩子们在家随时听、背经典语句，白毅英和李玲老师把教材中的"日积月累"和需要背诵的诗词也录制成微课推送给孩子们。她们说，这样孩子在家就可以随时听，随时背，总能记住一些。

通过推送微课，孩子们体验到一种全新的学习方式，增加了孩子们的学习兴趣，一定程度上帮助了孩子们在课外的学习。

三、信息技术课结出的师生情缘

记得到校后的第一节信息技术课，我问孩子们："大家知道信息技术课都学什么吗？"他们兴奋地抢答："玩游戏，上网……"（后来得知，山区孩子的信息技术课基本属于自习课）这可不行！这不是使孩子们从小就落在信息化队伍的后边了吗！必须从小抓起，从现在抓起，而且必须要抓得起！

首先，我规范了孩子们的学习习惯，每节课让他们做好知识点的笔记，让他们能记住并理解信息技术术语，为学生建立"信息技术课作业检查表"，每节课作业过关，点名表扬完成作业的学生，并且督促没有完成的孩子一定要补上。慢慢地，孩子们的信息技术术语、信息技术知识和技能逐渐积累起来了。懂得越多，他们对信息技术课的兴趣就越浓厚。孩子们从原来的上信息技术课就是玩游戏到爱上了学习知识和技能，上课不再要求玩游戏，而是争先恐后地做作业并要求老师检查过关。

课堂上，我还给孩子们列举了信息技术在高科技领域和各行各业的重要性，且信息技术与我们的日常生活更是息息相关，例如：智能手机和计算机的关系，手机App和计算机软件，通过CPU、存储器的学习如何指导爸爸妈妈购买手机，家里的洗衣机、电饭锅、微波炉和计算机的关系，人工智能的广泛应用……让他们认识到必须学习更多的信息技术知识和技能才不会被社会淘汰。

也不知从哪天起，两个藏族小姑娘——拉中初和泽让旺姆一下课就跑到机房来找我。刚开始，她们只是腼腆地笑，接着就会问一些课堂上我讲的知识。后来她们告诉我，在信息技术课听到了好多从来不知道的新奇知识，很喜欢听我讲课，信息技术课开阔了她们的眼界。这两个没有走出过大山的孩子对我说好想去外面看看。我鼓励她们一定要好好读书！直到现在，我们每个周末都会通电话、打视频，交流学习情况。教师节那天，我给两个小姑娘和四年级四班的孩子每人寄了一张明信片，还给泽让旺姆寄了生日礼物。9月16日（中秋假期第一天）中午，我接到泽让旺姆和拉中初的电话，她们兴奋地告诉我，同学们收到明信片都好高兴！紧接着，电话那端响起一群孩子的呼喊声："周老师，我们爱你，祝您身体健康！"那一刻，我的心都要融化了。

四、学科特长支援山区教育

2017年8月26日，是我来到学校的第一天。负责教学的甘校长对我说："学校的信息技术课程开展得不理想，老师们的信息技术运用能力有些滞后，所以学校一直希望来一位信息技术老师。"而后，马上给我布置了两项工作：一是着手排出学校的课程表，二是改进并完善网络教室的计算机系统。担任信息技术教学任务的我欣然接受了工作，并利用课余时间下载学习排课系统。同时，我注意发挥传帮带作用，与年轻的李文华老师交流，帮助她掌握排课系统的使用方法；我还利用课余时间重装了计算机系统，安装了适用教学的各类软件，建立了上机操作作业和资源库，极大地改善了授课条件。

山区老师的信息技术运用相对滞后。当得知老师们还在用最原始的方式统计、分析学生的成绩时，我主动为学校设计了一套成绩分析模板，解决了老师和教导处繁琐的成绩统计分析和汇总工作。我还指导、解决老师参加各类公开课、赛课课件制作中遇到的难题，帮助他们录制微课，剪辑视频，后期制作等，得到了学校领导和老师们的称赞。

人非草木，孰能无情。老师们在日常工作和教学中遇到信息技术方面的难题都会来找我，我总会帮助他们解决问题并给他们普及一些信息技术运用方面的技能和技巧。我知道，这是他们对我的认可，也饱含着信任。今年工作结束后，老师们都说："周老师，你继续留在我们学校嘛，这两年你帮助我们解决了许多问题，你回去了，以后我们遇到问题该怎么办呢？"我对他们说："你们遇到任何问题可以随时联系我，我们是同事，是朋友，更是家人！"

凡是付出，必有收获。在简阳支教团队的共同努力下，支教工作得到受教学校领导、师生、家长的一致好评。他们不仅仅把我们当作给予帮助的同事，更把我们当作家人般爱护尊敬。学校的黄蓉校长看到我们在办公室批阅分析测试卷，感动地说："敬业的老师们！你们好样的！"张俊平校长在教师大会上赞扬我们支教团队，夸赞我们起到了示范引领作用。黑水县教育局也向简阳市教育局发函，要求留下我们这个团队，继续支教！这些，都是普通的日常，但是点滴人心汇聚，足以让支教中的苦和累，化为幸福和满足！

支教工作并没有结束，因为有那些纯真的孩子，有很多故事的简阳班，还有关心帮助我们的学校领导和老师。我们一直铭记着支教工作动员大会上局领导的讲话："要把我们简阳教育人一贯以来秉承的工作作风：耐心、爱心和责任心带到山区去；要时刻传递正能量，用简阳教育人最高的教育教学水平，最好的师德师风，最严谨务实的工作态度，最和谐的人际关系去引领山区的教育工作。"

支教工作将一直延续。前进的路在脚下延伸，支教事业就是怀着感恩的心，兢兢业业地用汗水谱写的平凡之路。我们就是用这种方式默默奉献耕耘，为支教事业奉献光和热，诠释崇高的师魂！丰硕的果实永远是谦虚的、低垂的，因为它知道汗水的价值与意义。我们支教团队，将时刻牢记党的重托，肩负支教使命，不畏艰难、奋发有为、锐意进取，为当地的教育发展无私奉献，抒写忠诚。

两次援藏 一生无悔

张 平

（文章根据讲座录音整理）

尊敬的各位领导、各位来宾：

大家上午好！

我是来自郫都区第五批援藏工作队教育工作组的张平。我演讲的题目是"两次援藏，一生无悔"，或者叫"一个人的梦想，一群人的成全"。

我经常思考《钢铁是怎样炼成的》中的主人公保尔·柯察金说过的一句话："人最宝贵的是生命。生命对每个人只有一次。人的一生应该这样度过：当他回忆往事的时候，不会因为虚度年华而悔恨，也不会因为碌碌无为而羞愧；在临死的时候，他能够说：'我的生命和全部精力都献给了世界上最壮丽的事业——为人类的解放而斗争。'"

是的，人活着，总该有一些思想，总该有一些梦想！幸运的是，我人生中的两个重要的梦想，竟然都实现了！它们就是我的两次援藏之旅！

也许有人会问："你为什么会选择去援藏两次？"

记得曾经有人对我说过这样的一句话："道孚这个地方，太苦了。这次出去，我五年之内都不会再往这边跑了！"虽然这句话还不时在耳畔萦绕，我却在仅隔两年之后的2018年9月再次选择回到魂牵梦绕的道孚城。

那么，究竟是什么促成了我的两次援藏行动呢？

从大的方面说，"扶贫先扶志（智）""治贫先治愚"，可以说很大程度上正是教育决定了区域的未来，而教育援藏则是智力扶贫不可或缺的重要一环。作为一名普通教师，一名普通共产党员，三尺讲台就是我力所能及能为道孚脱贫攻坚做些事情的最好地方。郫都区第五批援藏工作队进驻道孚，全面落实"全域结对帮扶"的工作部署要求，再一次为我提供了难得的机会。所以我决定再度走进高原，再次走近藏家孩子，助力当地的脱贫攻坚任务顺利完成。如果说四年前的那次援藏（2014—2016）是为了圆一个酝酿多年的支教梦，那么，今天再一次翻越折多山，再一次踏上雪域高原，则完全是冲着道孚县2020年与全国全省同步全面建成小康社会的梦想而来。因为我想亲眼见证这一伟大的历史性时刻的到来，想看看一批批援藏人努力的成果。这应该算是我的一个"私心"或者我的一个梦想吧！

从个人方面讲，"无限风光在险峰"。人的一生很短暂，一个人的能力更是十分的有限！能够在不长的人生中挤出一段来，同一个团结有力的集体一起去做一些有利于国家、有利于百姓、有利于孩子们的事，比如支教支医、结对认亲、驻村入户等，是非常有意义和有价值的！当然，也必须时刻做好为此做出一些牺牲、付出一定代价的思想准备。这也是我两次援藏支教的思想基础。这次更是说服了年迈多病的父母，努力做通了正在高中求学的女儿的思想工作。两次进藏都有爱人如影随形的陪同、陪伴，让我备感温馨。我是回族人，由于饮食习惯的不同，导致我难以适应学校食堂的饭菜。体弱多病的爱人，努力克服高原生活的诸多不适，一直不离不弃、无微不至地照顾我的饮食和生活，让我可以安心工作。为了我的梦想，我身后的家庭做出了很大的牺牲，正如一个援藏队友经常提到的："家人是我们最坚强的后盾。"援藏队、支教队定期的例会交流，队友们周末的聚会聊天，搭起了彼此思想沟通的桥梁。一同买买菜，一起煮煮饭，每次我的爱人都是热情张罗，每次我的战友们都是积极参与。正是郫都区的相关领导、同事、家人及朋友们一道筑成了我援藏支教的坚强后盾，是他们在默默地成全着我的梦想。

说说我的第一次援藏吧！

我于2014年8月加入郫县第三批援藏工作队，和19名援友一道进入甘孜州道孚县工作，挂任道孚县第二中学校长助理。学校位于道孚县八美镇，路途较为遥远，条件相对艰苦。我们努力克服高寒缺氧，经常停电，严重缺水（生活用水都要去山脚下挑）等各种困难，保障了基本正常的生活，保证有效地开展工作。学校缺水，特别是冬季，我们经常结伴同行，到校外一千米处取水、挑水。冰雪路段很容易滑倒，一桶水可能要反复多次才能装满、运回目的地。我的第一批藏族学生中有一个叫洛日吉的，我第一次家访就是去的她家。当她父亲得知我们要去一千米外的山上挑水时，特意花了一整天时间为我们做了一根做工精美的扁担，大大减轻了我们的取水难度，让我们在寒冷的冬季也备感温暖。这根珍贵的扁担至今仍珍藏在我郫都的家里。

2014—2015学年度，我带的两个毕业班问题较多，但我不抛弃不放弃，顶着各方面压力，耐心地与学生对话，经常与学生家长沟通，坚持义务为学生上早读和晚自习，课下主动为学生辅导。最后，所有的同学都顺利毕业和升学。

2015年9月，因为学校师资力量严重不足，无奈之下，学校安排我接手3个毕业班的英语教学工作。在史无前例的教学任务面前，我选择了坦然接受。因为我是一名援藏队员，更是一名共产党员，所以我选择与孩子们一起战斗。3个班的情况各不相同，有普通班，还有七中网班。无论是备课，上课，还是作业批改等，都必须做出相应的调整，尽全力照顾不同层次学生的需求。在这个特殊的地方，在这种特殊的情况下，促使我坚持下来的力量唯有来自对学子们满满的爱！最后的结果是，这一届学生的毕业表现没有让大家失望。参加2016年中考的网班同学最先全部拿到升入高一级学校的录取通知书，这个好消息第一时间来自网班的班主任；其余两个普通班的同学，只要愿意继续深造的，都进入相应的高一级学校，实现了让学生和家长都满意的庄严承诺。

两年的援藏工作中，我一边努力做好自己的教学教研工作，一边与彭措副校长和政教主任尼玛老师一道承担起学校的德育工作。在2014年"11·22"康定地震中，我牢记党员使命，冲锋在前，抗震救灾；在为八美学校解决长期的断水难题时，我积极主动，在援藏工作队相关领导的关心支持下，最终为学校争取到8.5万元的爱心善款，成功打出两眼机井，彻底解决了长期困扰学校的用水难题，受到学校近千名师生的交口称赞，在当地传为佳话；我还积极参与和指导了八美二中培养若干年轻英语骨干教师的教学教研活动，起到了援藏中的传帮带作用。

人类的进步，社会的发展，离不开先进文化与教育的继承和传播。作为教育工作者，我积极参与郫县教育局与郫县红十字会及社会各界爱心人士发起的"金杜鹃""格桑花"等助学行动，先后为数十名品学兼优但家境贫寒的学子联系到了资助者，也亲自参与了对藏族学子的资助行动；自费为班上成绩表现优秀但家庭贫困的学生购买学习资料；动员身边亲友及朋友，先后为当地贫困学子募集到汉英文字典数十本，过冬棉鞋40多双及旧书籍和干净的旧衣服若干袋，等等。力量虽然不大，但能做多少就做多少！因为我想得非常清楚，尽力帮助当地贫困儿童爱上读书求学的生活，让他们能够有机会接受更好的教育，这是从根本上阻断贫穷"代际传递"的最好办法之一。能够在自己的工作岗位上践行"精准扶贫"，我备感幸运。

　　我的第二次援藏是在时隔两年之后。

　　2018年9月，我随郫都区第五批援藏工作队教育工作组进入甘孜州道孚县工作。作为援藏教育工作组副组长，我分管结对帮扶、教学科研及文秘宣传等方面的具体工作，并挂任道孚县道孚中学政教副主任，担任两个初三毕业班的英语教学工作。近一年多以来，我在援藏工作岗位上，尽职尽责，时刻不忘来道孚时领导的嘱托和自己肩上的重任，随时提醒自己代表的是郫都教育人，时刻以一名优秀共产党员的标准要求自己。我用实际行动履行着自己的援藏誓言，较好地完成了各项工作目标和任务。

　　接下来重点说说我的"启明星计划"！

　　2019年是道孚县脱贫摘帽攻坚年，道孚教育在顺利通过2018年义务教育均衡国检后，顺势而为地进入内涵发展提质增效的深水区。在全域结对帮扶的链条上，成都市郫都区探索"三献三送"，为道孚教育注入强心剂，以"六轮驱动"强势推进智力扶贫。一是献策略，驱动管理出效益；二是献爱心，驱动教学有保障；三是献教法，驱动课堂出实效；四是送调研，驱动问题早解决；五是送培训，驱动素质大提升；六是送研修，驱动专业共成长。

　　扶贫重在扶志，要鼓口袋先富脑袋！作为一名第二次参加援藏支教的老师，多为当地培养一名优秀的青年人才，就为脱贫奔康总任务做了一份努力，做了一点贡献。一个人的力量是有限的，但当无数个人朝着一个共同的目标努力时，则必将创造出前所未有的奇迹！正如东方天际那颗璀璨的启明之星，它的出现，必将开启一个又一个光芒万丈的黎明！2018年9月，我的为期两年的雪域高原"启明星计划"正式启动！

计划一：用积极心理带动身边人

我们穷极一生究竟该去追求些什么呢？又该如何度过自己短暂的一生？哈佛大学的泰勒·本·沙哈尔博士做出了解答，那就是尽全力去找到自己的真正使命，努力去发掘自己的潜能，全身心地投入到工作与生活中去，去享受沿途的风景，去享受此过程中的每时每刻。这就是幸福！既然来到道孚，就要把凡事积极应对的风格带过来，带给大家更多的正能量！为此，工作上，我与全体支教队老师共同面对各种困难，不计较个人得失，全力树立郫都教师好形象；生活上，大小困难尽量自己解决，力争不给上级领导及受援单位添麻烦；个人养成上，抽出时间多读书，读好书，除了工作，我们还有十分充足的"精神食粮"。"用生活所感去读书，用读书所得去生活"已经成了我们的口头禅，也已经为身边的人所熟知！"我运动，我快乐！"无论刮风下雨还是天寒地冻，早起跑步已然上瘾，"道孚县第一名"（手机"悦动圈"App显示）经常被我拿下，这也成了道孚中学晨光中的一道风景线！手机摄影，对我来说早已不是简单的生活记录，那是抓住一切机会捕捉工作生活中令人感动瞬间的艺术！来道孚的这些日子里，每一天都能"撞见"无数让人心动的场景。于是，我的相册里不经意间就累积了太多太多值得珍藏的回忆片段。而不经意间展示出来的一小部分就已经在朋友圈泛起阵阵"涟漪"，收获点赞无数！

计划二：助学扶贫计划

贫穷的根源在于思想的落后，阻断贫穷的代际传递只能从娃娃抓起。为此，除了继续为孩子们购买必要的学习资料及工具书之外，来自家乡友人以及援藏工作队的支持也接踵而至。认真遴选的首批74位特困生已经进入资助程序，我与郫都区第五批援藏工作队队友一起参与到"一对一"或"一对多"的结对帮扶中去……更让人高兴的是，我们"金杜鹃"助学行动持续推进的同时，大学生圆梦行动的资助又开始了。

计划三：快人一步计划

1. 高原晨读计划。"早起的鸟儿有虫吃"。因为天气转冷，学校暂时取消了早读课。经与任课班级班主任及家长们商量沟通，早读课取消了，但晨读不能取消！于是，我们的高原晨读计划坚定地执行起来，孩子们朗朗的读书声依然响彻雪域高原！如今，尝到甜头的孩子们已然习惯了早起，习惯了晨读，不读不快（乐）了！

2. "火车头"计划。"火车开得快，全凭车头带"。本学年接手的两个普通班，因为缺少能力强、魄力大的"领头羊"，年级排名屡次落后。为此，我利用课余时间组织班级总分前五名的学生开展了雄心勃勃的"火车头"计划，即每周有三天在晚自习前集体查漏补缺，协作攻关，为的是能够带动班上所有同学共同进步，不达目的绝不收兵！迎着重重困难，我们的"火车头"们添足"燃料"，在2019年6月的中考考场上带领本班人马奋勇前行，分别取得了全县前五名和前八名的好成绩！这不是什么惊人的成绩，但却是从全校一直垫底的位置一路走过来的，已经足以令所有孩子们的家长感到满意和高兴了！

一个人的力量是微弱的，可成千上万人的力量汇聚到一起必定是惊人的！长期战斗在雪域高原上的教育工作者、第五批援藏工作队队员、其他援藏支教队队员以及驻村帮扶工作队队员等各行各业的人们，都正在各自的脱贫攻坚岗位上进行着各自的"启明星计划"！

近年来，郫都区先后在道孚县投入对口帮扶资金3330余万元倾资助学，完成了道孚中学运动场、道孚中学附属设施及银维小学教学楼建设、亚卓中心校校园文化打造以及6所幼儿园的改建工作，助推了学校硬件的提档升级。与两地红十字会联合，与郫都区援藏队一起，与援藏干部携手，大力实施"金杜鹃"及大学生圆梦行动计划，发放助学金400余万元，资助贫困中小学生1650余人次，资助贫困大学生1800余人次；同时，积极争取社会资金333余万元，帮助各学校大大缓解了教学设施、办公设备、供暖设施、电教设备、学习生活用品等方面的严重不足问题。同时，倾智全域结对，助力教育软件升位，为道孚培养一批"带不走的骨干教师"做出了切实的贡献；倾力高中办学，助力教育学段升格，改写了道孚县23年的高中中断历史，首次举办2个教学班，共招学生110名，郫都区首次遴选的4名优秀高中教师及时进藏支援，确保了高中恢复相关工作的顺利推进。

我坚信：无论是我正在实施的"启明星计划"，抑或是我们郫都区援藏工作队正在当地开展的脱贫攻坚战役，都必将给高原明珠道孚的教育、医疗、科技、农业等方方面面带来新的气息，带来新的改变！

"功成不必在我，功成必定有我"。能够战斗在脱贫攻坚总决战的第一线，我们是幸运的，也是幸福的！此时此刻，我的胸中生出一个小小的心愿：我愿化作一颗明亮无比的启明星，长长久久地挂在雪域高原的穹顶之上！虽然不能像阳光般热烈，也不如月光般皎洁，却能够给早起的高原人带来一丝光亮，一点希望！

两次援藏，无论是生活还是工作，都接触到许许多多真诚热情善良的在当地工作和生活的各族干部群众，有来自郫都区第五批援藏工作队的，也有长期坚守雪域高原的。能够与他们同舟共济，共沐风雨，是我一生的幸运！没有他们的支持和关心，我的援藏支教工作将很难有效开展，在此特别想对他们说声谢谢！同时，也真诚地祝愿两次援藏期间接触到的所有学子学业有成，工作顺利，家庭幸福！是你们纯真的笑脸，质朴的眼神，让我进一步坚定了自己的选择是正确的；是你们对知识点点的渴求，滴滴的进步，让我的援藏工作和生活变得更加精彩和有成就感。我将永远以你们为傲！

引用托尔斯泰的一句话来结束我的演讲吧："选择你所喜欢的，热爱你所选择的！"我的两次援藏，我的两次选择，永远都将是我一生无悔的选择！

感谢大家的耐心倾听！祝愿大家身体健康，工作顺利，扎西德勒！

· 第六期 ·

傅国亮，教育部关心下一代工作委员会常务副主任、中国家庭教育学会副会长，教育部基础教育司原副司长、第八届国家督学，《人民教育》杂志原总编辑。

新时代家庭教育的新要求与新举措

傅国亮

（文章根据讲座录音整理）

学习习近平总书记关于家庭教育的新要求，有两个含义。一个是指学习十八大以来习近平关于家庭教育的一系列重要论述，有统计表明，涉及家庭教育的讲话已有18篇；另一个是指学习2018年教师节总书记在全国教育大会上的讲话，其中与家庭教育相关的精神和四点要求。在这里，我说的是后者。

2018年9月10日的全国教育大会，地位特殊，意义深远。

这次会议的特殊地位，令人瞩目。会议不是以往理解的"全国教育大会"，台上台下都是教育人士。这次的"全国教育大会"，在电视上，几乎看不到教育部人士的"面孔"，是一个几乎没有教育人士的"全国教育大会"，与会的都是中央党政军各部门、各省自治区直辖市党政军的主要负责人。不能按照常规思路认识这次全国教育大会。这次会议的地位，如总书记所说："教育是国之大计，党之大计。"这是一次党的全国教育大会，地位特殊。随后各省、市、区教育大会，都是由省、市、区党委召开，而不是省政府会议。

会议的意义，规格是一个因素，但最根本的还是取决于会议的内容。习近平全国教育大会讲话，对教育的若干战略问题、基本问题与核心概念，都给予了回答和阐述，是新时代中国特色社会主义教育事业的指导纲领，是中国教育史上分量最重的文献之一，意义深远。

一、新时代家庭教育的新要求

学习习近平全国教育大会讲话，有一个很普遍的误解，认为讲家庭教育的就只是那四句话。我认为总书记的通篇讲话有很多重要思想、理念、精神，同时也有对家庭教育的新要求。

（一）明确了新时代党的教育思想的基本内涵，家庭教育肩负着"为国教子"的责任。

坚持立德树人，同样是家庭教育的根本任务。在全国教育大会上，习总书记提出了十八大以来党关于教育工作的一系列新理念、新思想、新观点，被概括为"九个坚持"。这"九个坚持"，实际上是习近平新时代中国特色社会主义思想在教育方面的纲领，提出了习总书记教育思想的主要内涵，也更加明确了我国教育工作的方向、方针和方法。

"九个坚持"的核心是党管教育。明确各级党委要把教育改革发展纳入议事日程，党政主要负责同志要熟悉教育、关心教育、研究教育。总书记说，思想政治工作是学校各项工作的生命线，各级党委、各级教育主管部门、学校党组织都必须将思想政治工作紧紧抓在手上。

党和国家办教育的目的是什么？这是党管教育的首要问题。

学习总书记的论述，梳理出三个重要观点。一是教育目的的共性，二是中国教育目的的个性，三是教育目的的完整表述。

2018年5月2日，习近平在北京大学讲话说："古今中外，每个国家都是按照自己的政治要求来培养人的。"这是总书记讲教育目的的共性。任何一个国家都没有资格对他国的培养目标评头论足。

2018年教师节，习近平在全国教育大会上指出，我国是中国共产党领导的社会主义国家，这就决定了我们的教育必须把培养社会主义建设者和接班人作为根本任务，培养一代又一代拥护中国共产党领导和我国社会主义制度、立志为中国特色社会主义奋斗终生的有用人才。这是教育工作的根本任务，也是教育现代化的方向目标。这是总书记讲中国教育目的的个性，按照中国的政治要求"培养立志为中国特色社会主义奋斗终生的有用人才"。

2017年10月30日，习近平在会见清华大学经济管理学院顾问委员会海外委员和中方企业家委员时，讲话强调："教育就是要培养中国特色社会主义事业的建设者和接班人，而不是旁观者和反对派。"这是总书记关于教育培养目标的组成内容的完整表述。需要研究的是，什么是"旁观者"？教育如何防止培养"旁观者"和"反对派"？

近两年来，总书记将"把立德树人作为根本任务"更多地表述为"把培养社会主义建设者和接班人作为根本任务"。这就是教育政策，或称国家意志。

"九个坚持"明确"坚持把立德树人作为根本任务"，实际上也就明确了家庭教育作为现代教育的三大支柱之一，同样要"坚持把立德树人作为根本任务"，家庭教育同样有"为国教子"的责任。

（二）明确了"培养什么人"的六条标准，这是家庭教育培养目标的重要内涵。

习总书记在全国教育大会上指出："培养什么人，是教育的首要问题。"培养立志为中国特色社会主义奋斗终生的有用人才，要在六个方面下功夫。我认为，实质上这是提出"培养什么人"的六条标准。这是总书记首次阐述"培养什么人"这个核心概念。说了20多年"培养什么人，怎样培养人"是教育的根本问题，但是究竟"培养什么人"，内涵是什么，语焉不详。"培养什么人"，是党管教育的一个核心概念，是教育的一个基本问题。之前，这个核心概念是没有具体内容的抽象概念。这次会议，总书记回答了"培养什么人"这个核心概念的具体内涵。明确六条标准，这是培养时代新人的重要理论成果和政策成果。

六条标准：1. 政治标准（理想信念）；2. 思想标准（爱国情怀）；3. 道德标准（品德修养）；4. 知识标准（知识见识）；5. 精神标准（奋斗精神）；6. 素质标准（综合素质）。

孙春兰说，习近平从六个方面对如何培养社会主义建设者和接班人提出明确要求，这是党的教育理论的重大创新。我理解的是，孙春兰说习近平提出培养社会主义建设者和接班人六个方面的明确要求，实际上说的是究竟要培养"什么人"的六个标准，涵盖的主要是"做人""做事"两方面，"做人""做事"就是人的"全部"。这是对教育培养目标"培养什么人"这个核心概念的首次阐释。如果不是回答了"培养什么人"这个核心概念的内涵，怎么理解孙春兰的评价"这是党的教育理论的重大创新"！

六条标准中总书记提出的精神标准是奋斗精神，而不是平常熟悉的创新精神，这令人关注。奋斗精神，首先与总书记倡导的"勇于担当"责任意识一脉相承。有无奋斗精神，是有无"勇于担当"责任意识的首要标志。其次，阐述梦想与路径的关系。总书记有一句名言——"幸福是奋斗来的"。毛泽东时代有一首歌唱道："幸福不会从天降，社会主义等不来。"两者传递的是同一个真理——"幸福是奋斗来的"。奋斗是实现梦想的基本路径。最后，奋斗精神的标准更适合于更多的人。创新，并不是人人能为；奋斗，则是人人可为。前者是价值标准，后者是意义标准。通俗地理解，就普遍而言，更需要的是培养"奋斗精神"。

这个标准，当时并未引起教育界的热议和研究，但它是培养什么人的一个新标准，一个新思想。如何理解将奋斗精神作为"培养什么人"的重要标准，怎样培养大中小学生的"奋斗精神"，成为学校、家庭、社会共同的新课题。

创新要求，总书记将其作为一种素质，在"素质标准"中阐述。习近平说："要在增强综合素质上下功夫，教育引导学生培养综合能力，培养创新思维。"

（三）明确教育方针的新内容，劳动教育成为家庭教育的必修课。

习总书记在全国教育大会上明确强调了"德智体美劳"五育全面发展的培养目标。关于"四育"还是"五育"的问题，教育界有过长时期的研讨。习近平早在2013年"六一"时就已经提出"爱学习、爱劳动、爱祖国"，凸显"爱劳动"的观念。2015年8月初，教育部联合共青团中央、全国少工委印发《关于加强中小学劳动教育的意见》，培养目标的一个重要内容，是认识"生活靠劳动创造，人生也靠劳动创造"，其中明确"鼓励学生积极参加家务劳动"。子女从小热爱劳动、学会劳动，具备一定的自理能力、生存能力，将终生受益。2018年教师节，在全国教育大会上对教育方针做出调整，习近平代表党中央宣布"培养德智体美劳全面发展的社会主义建设者和接班人"，增加了"劳育"。总书记在教育大会上对"劳"这一培养目标进行了重点阐释。习近平强调："要在学生中弘扬劳动精神。"

这是针对新时代教育工作提出的新要求。现在的突出问题是，全民"富二代"，全民"富养二代"。家富家贫，一概"富养二代"。原来还有一半以上《红灯记》里唱的"穷人家的孩子早当家"，现在全民"富养二代"，这个民族已如孔子所言"弃老而取幼，家之不祥也"！亦是国之不祥。

当前，"劳育"要侧重培养一种价值、两种能力。首先，着眼培养"劳动价值观"。习近平强调："要在学生中弘扬劳动精神，教育引导学生崇尚劳动、尊重劳动，懂得劳动最光荣、劳动最崇高、劳动最伟大、劳动最美丽的道理。"这是要求从小培养正确的"劳动价值观"，认识"生活靠劳动创造，人生也靠劳动创造"，长大后能够辛勤劳动、诚实劳动、创造性劳动。

据说，教育部已在研制从小学一年级到大学四年级的劳动教育教学计划，循序渐进地学习基础的劳动技能。我强调，要注重培养两种能力，一是生活能力，二是生存能力。

忽视生活能力，不会生活已成为孩子的"短板"。这块"短板"严重制约孩子的发展，甚至毁掉孩子的一生。生活能力，主要是教授和训练"家政能力"。"会做饭的孩子走到哪里都能活下去"正逐渐成为家庭教育的经典理念，"鼓励学生积极参加家务劳动"是家庭教育的必修课。

生存能力，它是社会适应能力的重要内容和基础。学校与家庭合作，做出制度安排，培养和提高孩子的自我保护、自我救助的意识和能力。关怀生命，不容懈怠。

（四）明确了教育工作目标，"完善人格"更多的是家庭教育的天职。

总书记强调："以凝聚人心、完善人格、开发人力、培育人才、造福人民为工作目标，培养德智体美劳全面发展的社会主义建设者和接班人。"

从某种意义上讲，"完善人格"，更多的是家庭教育的天职。正如哲人卢梭指出的："只有一门学科是必须要教给孩子的，这门学科就是做人的天职。"做人教育，主要是人格教育。所谓人格，即个体的整个精神世界。人之为人，就在于人不仅是一种物质存在，更是一种精神存在。精神性是人生的本质。家庭教育中，注重了对孩子知识的学习，却缺乏对生命的关怀，对精神的关怀，这就使家庭教育变成了单纯的技术行为。只关注"知识"的学习，是把孩子当作"工具"而不是"人"来培养。孩子从一个"人"变成了一种"工具"，家庭教育的大多数问题，也就由此而产生了。

有人说，"教"在学校，"育"在家庭。家庭教育最主要的使命是促进孩子的品德养成和精神成长，即"完善人格"。

2018年9月10日的全国教育大会上，总书记再次关注家庭教育。他指出，办好教育事业，家庭、学校、政府、社会都有责任。家庭是人生的第一所学校，家长是孩子的第一任老师，要给孩子讲好"人生第一课"，帮助扣好人生第一粒扣子。教育、妇联等部门要统筹协调社会资源，支持服务家庭教育。

总书记的四句话，讲了四个思想：

1. 办好教育要有大教育观。习近平强调的是，办好教育事业，家庭、学校、社会要合作共育，政府要担负主导责任。

我认为，"家校社合作"不只是加强家庭教育的一项措施，更是教育思想、培养模式、学校制度的三个根本性转变。教育思想是"小"与"大"的转变，也就是"传统教育思想"与"现代教育思想"的转变。"大"与"小"的观念是指我们对教育的看法，到底是大教育观念还是小教育观念。以往没有实施"家校合作"，是因为小教育观念在我们的头脑中占据着主导地位，认为教育就是学校教育，学校教育就是教育的全部。出现"小教育观念"，客观上有一个体制的原因。国务院在部委分工中，将家庭教育划归全国妇联主管。存在决定意识，教育部一般不会主动去抓家庭教育工作。1996年，国家教委与全国妇联联合颁布第一个《家庭教育五年计划》，尤其是2015年教育部独家颁布《关于加强家庭教育工作的指导意见》，明确将指导家庭教育工作正式列入教育系统工作序列，是教育思想的根本转变。

"家校社合作"，本义上是一个研究人的培养模式转变的重大课题，是一个人才培养体制改革的创新探索。2010年《教育规划纲要》"改革"思路有重大变化，人才培养体制改革成为中国教育六大改革的第一改革。明确人才培养体制改革需要四个结合，要做到学校、家庭、社会有机结合起来。"家校社合作"，既是人才培养体制改革的创新探索，又是构建中国基础教育"全新的育人模式"的智慧和方案。

中小学建立现代学校制度的标志之一。21世纪初，教育部提出中小学建立现代学校制度。现代学校制度的主要特征包括：党的领导；依法办学；民主管理；三教结合。"社会参与""三教结合"是现代学校制度的一个主要特征和必备条件。有无家校社共育是现代学校制度与传统学校制度的分水岭。

当前"三教结合"的模式大都处于"家校合作"。这是人才培养体制改革的阶段性。今后，"家校合作"最终要走向"学校、家庭、社会（社区）共育"的培养模式。

2007年5月颁布的"家庭教育十一五规划"，已将主管"社区"事务的民政部联合为"规划"的责任部委。这为教育培养模式走向"家校社合作"创造了国家层面的条件。

2. 家庭教育是"第一教育"。习近平重申，家庭是孩子的第一所学校，家长是孩子的第一任老师。重在强调家庭教育是起始教育和奠基教育。人生的起始教育在家庭，不是学校。学校教育，迟至7岁才介入孩子的人生；社会教育更晚于学校教育影响孩子的人生。这时提出了家庭教育是人生"第一教育"的理念。

人生划分为几个阶段，第一个"关键期"，就是0—6岁。由于学校教育迟至7岁才介入孩子的人生，因此家庭教育不仅是起始教育，而且在人生0—6岁的关键期是"唯一教育"。先入为主，家庭教育不可替代地成为人生的奠基教育。

"关键期"的特征，一是一旦形成，不可逆转。所谓"江山易改，本性难移"。二是一旦错过，难以弥补。

家庭教育是"与生俱来"的。通俗地说，家庭教育是与孩子"出生"俱来的，孩子一出生，家庭教育就开始了。不管父母能否意识到，婴儿的成长，或者说婴儿的"社会化"进程，是从模仿双亲开始的。这是人类成长的规律。因此，在家庭里，不存在家庭教育"有"或者"无"的区别。区别只存在于，家庭教育是"自发"的，还是"自觉"的。家庭教育从"自发"走向"自觉"，即走向科学，政府要主导，教育要作为，家长要学习。

中国民间智慧说"三岁看大，七岁看老"，"三岁""七岁"形成的什么东西，就可以影响甚至决定人的一生呢？科学知识吗？尚未学习。那是什么？是儿童从父母和家庭学到的习惯、性格和情绪！家庭被人称为"创造人类性格的工厂"！我以为，人生有"起跑线"，但不是各种"超常班"，而是"习惯、性格和情绪"！从小培养良好的习惯、性格和情绪，才是"人生真正的起跑线"。父母作为孩子的第一任老师，自觉不自觉地"耳濡目染"传递给孩子的习惯、性格和情绪，可以影响甚至决定孩子的一生，这是学校老师望尘莫及的。从这个意义上讲，好父母胜过好老师。

从现代教育结构考察，家庭教育是教育结构的基石，是人生的奠基教育，至关重要。"基础不牢，地动山摇！"家庭教育在中小学学生成长中具有奠基性、深刻性和长远性。

3. 家庭教育的"第一任务"是品德教育，做人教育。习近平指出：要给孩子讲好"人生第一课"，帮助孩子扣好人生的第一粒扣子。总书记讲的"人生第一课"，不是定量词，不是"第一节课"之意，不是"开学第一课"；而是定性词，是"第一重要的课"之意。这"第一重要的课"，不是一节两节，而是贯穿人生的始终。

"人生第一课""人生的第一粒扣子"是什么？即家庭教育的重点是什么？2016年12月12日，总书记在第一届全国文明家庭表彰大会上的讲话指明了方向。习近平指出："家庭教育涉及很多方面，但最重要的是品德教育，是如何做人的教育。"一言九鼎。品德教育、做人教育是家庭教育最重要的内容和任务，这是家庭教育重点的新定位。

以往讲到家庭教育的内容，总书记强调："要在孩子心中从小种下社会主义核心价值观的种子""要弘扬中华优秀传统文化""要把美好的道德观念从小就传递给孩子""要从小学会做人"等。但都是并列要求，未分主次。这次在第一届全国文明家庭表彰大会上的讲话，习近平首次明确：家庭教育"最重要的是品德教育，是如何做人的教育"。

总书记关于家庭教育"最重要的是品德教育，是如何做人的教育"的定位，是习近平关于家庭教育思想的新发展，是习近平关于家庭教育思想的核心内容。习近平强调"国无德不兴，人无德不立"。民间智慧说，小胜在智，大胜在德。但是，总书记关于家庭教育的新定位、新重点，并没有引起教育界的重视、热议和研究。有的家庭教育论坛只讲方法，不讲方向，不知道家庭教育从哪里来、到哪里去。

无数事实说明，人生中，人品优于能力，做人先于做事。一个人智商再高，能力再强，如果人品差，不懂得如何做人，再努力也无大用。

品德教育、做人教育是家庭教育中"最重要的"，是"人生第一课"。二者是什么关系呢？我的理解，二者是以品德为基石和主干的做人教育，要培养的主要品德，遴选为善良、责任、诚信、正直、忠诚、勤奋、乐观、勇敢。品德教育的选项，是需要深入探讨的课题。

家庭在做人教育中具有天然优势和特殊作用。家庭的特点和优势是生活和教育合二为一的，家庭中有比学校教育更多、更重要的生活细节，可以刻骨铭心。如20世纪60年代闹粮荒，母亲从食堂买回的窝窝头，自己不吃，分给我们子女吃。后来才明白这是母亲的爱（自我牺牲），我们从中学到爱和感恩。生活中的细节，诸如小事、体验和感悟，恰恰是塑造孩子个性、人格、文化品位和价值观念的关键因素。

目前青少年的问题可以概括成四个迷失：信仰迷失、价值迷失、道德迷失、人性迷失。这是从"重要性"排序。如果从"基础性"排序，"人性迷失"是最基础的、第一位的。四者之间，"人性迷失"是根本，人性的教育是最基本的教育，没有人性，谈什么价值观，有什么信仰？

我认为，做人教育包括人品教育和人性教育，根基在于"人性的教育"。好的品德、善良的人性是做人的基本前提。但长期以来"不敢讲"人性教育。教育多禁区，如改革开放前，教育界不敢讲"心理学"，说是资产阶级的、唯心主义的；改革开放初，又不敢讲学生的"个性"，怕倡导个人主义；不得不讲"个性"时，必须加"健康的"三个字，讲"健康的个性"。后来，心理健康教育进入中小学德育课程。但是直到今天，还有一个不敢讲，即不敢讲"人性"。那我们讲的是什么德育啊？就是"人性缺位"的德育！就是"缺少人性"的德育！这是70年来中小学德育课程的严重缺陷。

何为"人性"？人性即人所具有的正常的情感和理性。人性中的真善美，需要激发、唤醒和培育。教育就是关注心灵发育成长，最根本的是把人的本性中美好的情感发育起来，培育孩子向善的人性。这就是总书记多次讲话中强调的："要把美好的道德观念从小就传递给孩子""帮助他们形成美好心灵，促使他们健康成长"。2019年"六一"，习近平给澳门小学生回信，再次称赞小朋友们的"美好心灵"。这就是彰显人性的德育思想。

总之，家庭教育的第一任务不是知识教育，甚至不是价值教育，而是总书记明确的品德教育、做人教育。这是家庭教育中"应试教育"与"素质教育"的分水岭。人类历史和人生事实反复证明：小胜在智，大胜在德。教子做人，比分数金贵一百倍！在家庭教育中，凡是算不了这个账的父母，就输掉了孩子的未来！

4. 教育部门成为家庭教育的主要责任单位。总书记在全国教育大会上的讲话，明确了教育、妇联等部门要统筹协调社会资源，支持服务家庭教育。将教育部门列为家庭教育的首要责任单位。显然，总书记对教育部门提出了新要求。

当年12月6日教育部部长陈宝生批示："家庭教育非常重要，明年要重点抓一抓这件大事。"家庭教育列入教育部2019年重要议事日程。

2019年5月，教育部联合全国妇联，启动开展家庭教育主题宣传活动。活动历时4个月，包含9项内容，影响广泛。

二、新时代家庭教育的新举措

（一）教育部将指导家庭教育工作正式列入教育系统工作序列。

2015年10月11日，教育部独家向教育系统颁布《关于加强家庭教育工作的指导意见》，即"10号文件"，做出了一个重要决策。即教育部决定，将指导家庭教育工作正式列入教育系统工作序列。

以前说"（各级）教育行政部门和中小学校要切实担负起指导和推进家庭教育的责任"，没有教育部文件的依据，因为与全国妇联"会签"的文件，习惯性地认为"不是教育部的文件"。各省教育厅厅长都是将全国妇联与教育部"联合"颁布的文件，批给省厅办公室留档备查。教育部独家颁布《关于加强家庭教育工作的指导意见》，各省教育厅厅长则将文件批给基础教育处"阅办"，纳入教育主渠道工作序列。从《关于加强家庭教育工作的指导意见》开始，教育行政部门和学校做不做家庭教育工作，性质就变了，不再是一个"认识"问题，而是一个"追责"问题。

2015年10月11日，教育部独家面向教育系统颁布的《关于加强家庭教育工作的指导意见》是一个标志性的文件。它是教育部指导家庭教育工作的一个历史节点，是教育系统加强家庭教育工作的新起点，更是落实新一届党中央、国务院高度重视家庭教育工作精神和贯彻习近平总书记关于家庭教育一系列重要指示的标志性举措。《关于加强家庭教育工作的指导意见》旗帜鲜明地回应了总书记对家庭教育的关注、期望和嘱托。

教育部《关于加强家庭教育工作的指导意见》至少颁布了七条政策：

1. 将家庭教育工作纳入教育行政干部和中小学校长培训内容。教育部层面，家庭教育工作要纳入"国家培训计划"（国培）内容。地方层面，同样要纳入"省培计划"培训内容。这项政策，解决了家庭教育骨干培训的经费问题。

2. 将学校安排的家庭教育指导服务计入工作量。这有利于调动家庭教育工作者的积极性，但是缺乏具体方案，有目标，无指标。

3. 成立中小学幼儿园家长委员会。将家庭教育指导服务作为重要任务，增加一支力量，多多益善。

4. 各地教育部门和中小学幼儿园要积极引导多元社会主体参与家庭教育指导服务。这是缺乏配套政策支持的政策，但是给予一个政策"空间"，视条件而行。

5. 积极争取政府统筹安排相关经费。属于"弹性"政策，"有"这句话（政策）总比"没有"强，给出"政策依据"和政策机会。如江苏省教育厅依据这项政策，从2016年始，每年安排50万元家庭教育专项经费。

6. 中小学、幼儿园要为家庭教育提供必要经费保障。这是重申以往文件的政策，是尚未研究出新政策的时候，重申原有政策，避免政策空档。

7. 把家庭教育工作作为中小学幼儿园综合督导评估的重要内容，开展督导工作。这是有力而有效的政策，关键是实施和落实。

（二）家庭教育的十个平台。

实践中，家庭教育工作逐步形成十个工作平台：

1. 指导机构。组建家庭教育机构。如河北省教育厅成立家长学校工作指导小组，成都市青羊区教育局成立"区家庭教育指导中心"，北京市丰台区以退休校长为主体建立"区家庭教育中心"。

2. 家长学校。这是主体，是开展家庭教育工作的主阵地和主渠道。据2012年统计，中小学家长学校有33万所，占中小学校的76%。2010年，教育部关工委家长学校试验区要求家长学校达到"十有"标准：有负责人、有牌子、有教室、有教材、有教学计划、有兼职教师、有活动经费、有工作制度、有考核评估、有档案资料。

3. 主题活动。2019年，河南举办"首届家庭教育知识竞赛"，通过网络选拔、电视比赛等方式，吸引近158万名教师、家长参加，有效传播了家庭教育理念等。

4. 师资培训。各地教育系统关工委为基层家长学校培训家庭教育教师，总人数过百万。江苏将家庭教育骨干培训纳入"省培计划"，有了经费保障。海南、四川实施家庭教育工作骨干培训工程。

5. 理论研究。有30个省、区、市的600余个县（区）的约1500所学校近6000名教师参加教育部关工委承担的全国教育科学规划教育部重点课题《新时期家庭教育的特点、理念、方法研究》和全国教育科学规划国家一般课题《新时期中小学家庭教育立德树人的综合研究》工作，极大提升了基层家长学校工作的理论水平。

6. 专题讲座。北京有13个区教育系统关工委参与家长学校授课，总时数近7600小时，参与家长超过23万人次。天津组织"五老"宣讲团，开展2万余场家庭、家风教育讲座。有的学校、学区举办了专家专题讲座。

7. 咨询服务。湖南针对家长个性化问题，近五年累计咨询时长107万小时、受益家长261万人次；北京有11个区教育系统"五老"参与家长咨询，总时长数近3000小时，受益家长近13万人次；有的学校学区建立专家团队的家庭教育热线。

8. 典型宣传。如广东省佛山市长期培育佛山六小，形成经验，以点带面，推动家庭教育发展。具有典型经验的地区有：成都青羊区、山东潍坊市、江苏苏州市、广东佛山市、贵州贵阳市、北京昌平区、河北石家庄藁城区、安徽、河南、深圳宝安区。

9. 编写读物。编写家庭教育教材。北京、河北、江苏、湖南、广东、四川、新疆等省（市、区）教育系统关工委组织编写了富有本地特色的家庭教育教材和读物。江苏编写的《家长学校教学大纲》《家长必读》等配套教材，在全省90%的家长学校使用；2016年，苏州市委托编写了《家庭教育指导者培训教材》。

10. 新兴媒体。河北联合开办电视家长学校、广播家长学校、网络家长学校等；有的开发"互联网+家庭教育"网络平台、网上家长学校、线上培训、QQ群等。

（三）家庭教育发展的政策需求。

家庭教育的新发展，需要政府给予新的政策指导。

一是家庭教育亟待立法保障。2010年10月《教育规划纲要》在指导家庭教育工作上，做出了突破性、标志性决策，即明确写入制定《中华人民共和国家庭教育法》。这是中央和国务院的决定，要在纲要实施的十年间完成家庭教育的立法工作。

2011年7月5日，全国妇联、教育部、中央文明办、全国人大内务司法委员会有关部门领导和相关领域的专家在中国妇女活动中心召开了"家庭教育立法调研工作第一次会议"。分工是由全国妇联牵头立法工作，教育部积极配合。全国妇联作为重点课题立项，2013年初已研制出家庭教育立法建议稿。

2018年8月，家庭教育立法工作终于列入国务院法制办《2018—2020年立法规划》，令人鼓舞！

二是领导体制的决策或调整。习近平总书记两次明确教育部门家庭教育的责任：2016年在八一学校讲话，明确学校、家庭、社会密切配合，"学校要担负主体责任"；2018年在全国教育大会讲话，实际上将教育部门列为家庭教育的首家责任单位。领导体制不是权宜之计，需要及早决策，否则贻误国家战略。

三是当务之急是研究制定新的家长学校工作的指导意见。家长学校是学校指导推进家庭教育发展的主阵地和主渠道，是家校合作的最初形式和主要形式。家校共育，必须充分发挥家长学校的平台作用。

20世纪90年代以来，关于家长学校的建设和发展，国家制定了3个政策文件，为指导、规范和促进家长学校的发展奠定了基础。

十九届四中全会明确，"构建覆盖城乡的家庭教育指导服务体系"已成为国家治理体系现代化的组成部分。家长学校是家庭教育指导服务体系的主要构成。重建家长学校，适逢其时。

新的家长学校工作的指导意见，要贯彻习近平关于家庭教育的新理念、新要求，体现十九届四中全会精神。要阐述家长学校的意义、性质和定位，重建家长学校制度，明确家校社合作的方式机制，明确家庭教育最重要的是品德教育、做人教育，明确家长的主体责任等。

教育部2019年开展的家庭教育工作，已展开的项目有：

1. 研制家庭教育指导手册。2019年1月18日，年度教育工作会议中教育部部长陈宝生明确：研制家庭教育指导手册，家庭、学校各一册。2月28日，基础教育司和中国教育学会召开了《家庭教育指导手册》编写启动会。

2. 开展家庭教育主题宣传活动。5月，教育部联合全国妇联启动该活动，活动时间从6月至9月，内容9项，包括组织专家文章、宣传一批典型经验、组织报告团全国巡讲等。

3. 遴选命名一批"全国家庭教育创新实践基地"。这是主题宣传活动的一项重要内容。每省确定10个基地，教育、妇联各推荐5个，由教育部和全国妇联各自组织专家组交叉评审。

当前，家庭教育发展面临新的机遇期。习近平总书记关于新时代家庭教育的一系列新思想、新理念、新要求，是我们开展新时代家庭教育工作的根本遵循。遵照总书记的指示，教育部门支持服务家庭教育要勇于担责、主动作为。学校要担负主体责任，与家庭、社会密切合作，共同为培养德智体美劳全面发展的社会主义建设者和接班人做出新贡献。

听后感

第一期

听温元凯教授"全球金融前瞻和中国经济新格局"有感

成都石室中学　叶怀波

日前，在"文翁大讲堂"听温元凯教授"全球金融前瞻和中国经济新格局"的讲座后，我的感受颇深。温元凯教授是我国著名的经济学家、化学家、第六届全国人大代表主席团成员。1977年，他向邓小平同志提出恢复高考、派遣留学生出国等建议均被采纳。可以说温教授是中国改革开放和现代化建设的见证者，对中国经济社会的发展有着自己独特的见解。温教授的讲座涵盖了以下内容：一、中国财富的下一个风口在哪里；二、世界工厂的演变；三、对未来中国科技的几点想法。

其中给我震撼最深的是温教授提到的"中国经济科技创新面临的挑战"。虽然我国在短短30年内创造了巨大的财富，但现在我们国家在经济科技创新方面面临的主要问题还是缺乏创新性人才。这个问题还要从钱学森之问说起。2005年，温家宝总理看望钱学森的时候，钱老感慨地说："这么多年培养的学生，还没有哪一个的学术成就，能够跟民国时期培养的大师相比。"钱老又发问："为什么我们的学校总是培养不出杰出的人才？"事实上，作为人才培养的主战场——大学，我国的顶级大学和世界一流大学还有差距，这在诺贝尔奖获得者的人数上体现得尤为明显。

作为中学教师，我们可以为顶级创新人才的培养做些什么呢？我认为有以下两方面：一是加强课程建设；二是加强教师培训。在这里，我要介绍一下我的工作单位——石室中学。石室中学作为中国最早的官办学校，距今已有2160年的历史。在这2160年的办学历史中，涌现出一大批杰出人才。在最近评选出的两批共20位四川历史名人中，石室师生独占7席，他们分别是扬雄、杨慎、文翁、司马相如、陈寿、陈子昂和李调元。从汉代文翁兴学至今，文翁石室虽历经2000多年，但办学不断、人才辈出，校址不改、薪火相传。由此可见，石室中学在人才培养方面一直有自己的独到之处。

斗转星移，2000多年后的今天，为顺应时代要求，石室中学现在的办学指导思想是"育关键能力，办品质教育，为领军人才成长奠基"。在此思想的指导下，学校创建了针对不同学生的课程体系。学校开设了促进学生全面发展的国家基础课程；促进学生个性化发展的学校文化课程；促进学生创新发展的领军人才成长课程。学生根据自己的特长，自主选择。正是在各种课程的滋养下，石室中学这几年无论是在高考成绩、自主招生，还是在五大竞赛方面都取得了不俗的成绩。

课程建立起来了，"谁""在哪里"执行各种课程呢？毫无疑问，是老师在课堂教学中落实学校的各种教育教学思想。我们要清楚，课堂教学是培养人才的主渠道，教师是落实学校课程的最重要的智力资源，决定了人才培养的高度和深度。

石室中学深知教师在学校发展和人才培养中的重要作用，除了鼓励本校教师积极参加市、县各级教研活动外，还设计了自己的各级教师培养体系。首先是实施"石室中学骨干教师学习共同体"计划。石室中学依靠自己的特级教师团队，在校方的统一组织下，成立以特级教师为导师的学习共同体，学校骨干教师自主报名选择适合自己的导师，导师选择自己心仪的学员，最后组成一个个可能是跨学科的学习共同体。学校层面搭建平台，通过参加和组织各种级别、各种主题的教育教学研讨活动，促进骨干教师的成长。

从2017年伊始，石室中学每年暑假都会组织为期一周的"北大研修之旅"活动，教师自愿报名，覆盖所有学科。组织教师走进北京大学，在未名湖畔感受京师学府的博雅之风。目前已有近200位教师参与了培训。学校长期聘请北京大学的吴宝科、赵钰琳、孙东东等教授和北大附中的张思明副校长为我校教师授课。通过这种培训，老师们感受到了大师们对自身专业素养的严格要求和不懈追求以及他们对教育事业的热爱和无私奉献，同时也提升了我校老师的教育教学理念，唤醒了老师们对教育事业的热爱和向往。

另外，从2018年开始，学校各名师工作室充分发挥名师的领衔、示范、凝聚和辐射作用，定期举行各种教育教学研讨活动，通过促进教师专业成长，促进学校发展。至此，学校的教师培养进入一个新的阶段。

由此可见，石室中学一直通过为学生建立完备的课程体系，着力提高各个层次教师的专业水平，为国家顶尖人才的培养进行各种探索和尝试，并取得了很好的成绩。

转型新教育 培育新人才

——关于互联网教育的随想

成都市天府新区三星实验幼儿园 苏 莉

随着我国国民经济的发展、人民生活水平的提高，素质教育和终身学习的理念逐步深入人心，课堂内的学习已不能满足日益丰富的教育需求，各类已就业的职业人员及尚未踏入社会的莘莘学子便开始寻找更加丰富的职业发展和课外学习机会。这种理念上的转变为我国互联网教育的发展提供了新的动力。

一、互联网教育的本质

互联网教育在不同的领域有不同的别名，比如有的叫在线教育，有的称为远程教育、网络教育等。教育部官网上称互联网教育为"利用网络技术、多媒体等现代信息技术手段开展的新型教育形态"。这种新型教育形态与传统教育最大的区别，就是利用了互联网或移动互联网的技术手段。互联网教育并不是对传统教育的颠覆，恰恰相反，互联网教育是对教育本质的一种回归。不管是互联网教育，还是传统教育，其核心点都是教育。教育是"教"和"育"两件事情。所谓的"教"，就是传授知识技能，"育"就是培养品德。我们在谈论互联网教育的时候，一定不能忘掉教育的本质，舍本逐末。无论教育形态如何变化，都要牢牢地把握好教育的这个本质。

二、互联网教育的特点

1. 个性化高效学习

不同的学生有不同的性格，有不同的学习习惯和方法，他们也有不同的学习需求。在传统教育环境下，一位教师同时面对几十个学生，要想让教师针对每个学生提供不同的教育方法和内容，真正做到因材施教，难度很大。在互联网教育环境下，通过学习平台，学生可以看到老师给他推荐的课程，也可以及时得到老师的反馈。随着实践的不断积累，他会获得个性化的学习方法，真正改变学生的学习方式，让学习变得更有个性，也更高效。

2. 打破学校、学生和家长的边界

我们常说，要想把教育做得更好，需要学校、学生和家长形成合力。传统教育环境下，无论是学校将学生的在校情况及时准确地告知家长，还是家长将学生在家的情况及时准确地告诉学校，都将面临信息不对称及信息传递成本高的问题。但在互联网教育环境下，我们可以借助互联网或移动互联网等技术手段，实现学校、学生和家长的无边界衔接与沟通。

3. 跨越虚拟和现实的融合

跨越虚拟和现实的融合，即线上教育和线下活动的融合，通过融合形成一个整体，共同为用户提供优质的教育服务。我们学习的内容可以是传统的文字，也可以是音频和视频，既可以将线下的学习内容搬到线上，也可以将线上的积分用于兑换线下的实物。

三、互联网教育的机会识别

1. 学前教育阶段

目前，学前阶段互联网App产品一片繁荣、精彩纷呈，产品的内容如何更系统地配套学前教育体系是成功的关键。学前教育阶段，互联网教育类App突出趣味性和易操作性。比如，"数字王国"App的用户是刚刚开始学习数学的孩子，用户在登陆首页后，可以看到"一起去探险"和"数字游乐园"两个场景。这款产品就把"娱乐"和"学习"这两个目标很好地结合在了一起，孩子通过探险游戏，学习和掌握数学的知识点。另外，很多带有安全性能的智能手表、智能手环等相关教育产品也大受欢迎，其实是抓住了学前阶段学生安全性的需求。

2. 职业教育领域

职业教育市场具有相当广阔的市场前景，主要是因为职业培训人群的目的性强、付费意愿比较高。从内容上看，职业教育涵盖了各个领域，比较热门的有职业资格考试培训、公务员考试培训、考研辅导等。《国务院关于加快发展现代职业教育的决定》中提出，要形成具有中国特色、世界水平的现代职业教育体系，高等职业教育规模将占高等教育的一半以上，未来职业教育领域的互联网教育将会迎来新的风口。

3. 兴趣培训领域

随着素质教育越来越深入人心，很多家长都乐意培养学生各种不同的兴趣爱好，此类互联网教育产品更是层出不穷，且呈现出百家争鸣的景象。在这一领域应加强线上与线下的结合，通过线下的各种活动体验，增加线上的活跃度，进而达到提升用户满意度和增加用户黏度的目的。

四、互联网教育的风险识别

1. 忽视线上内容打造

互联网教育要得到发展，内容永远是第一位的，忽视了内容打造的互联网教育不可能走得很远，得内容者得天下是不争的事实。比如"好未来"，始终坚持内容的创新和研发，编制自己独特的教材，还配备有专职、专业的教师团队，形成自己独到的培训内容体系。

2. 糟糕的产品体验

在互联网教育环境下，如果你不能在短时间内吸引用户的注意，你就可能永远失去这个用户。比如很多互联网教育产品在初次登录时要求用户注册并填写各种个人信息，如果你不注册，你就浏览不到内容。但这真的是一种好方法吗？我相信很多人都有过这样的体验，那就是为了能继续浏览，就随意填写各种个人信息。其实这样的个人信息对互联网产品来说并没有什么真正的价值。反而现在很多电商网站，比如天猫、京东等，都是让用户随意体验，甚至到了最后付费环节再注册也不迟。互联网教育产品为何不可以先让用户体验，让用户有良好的体验后再注册？我觉得不妨参考一下这种方法。

3. 缺乏知识产权保护意识

2015年初，百度公司和学霸君展开了一场和知识产权保护有关的诉讼战。同年，vipabc和51Talk之间也发生了法律纠纷，版权意识在我国越来越被重视起来。但很多互联网公司对知识产权保护没有足够的认识，比如"宝宝巴士"等知名学前互联网教育公司的品牌被别的机构抢先注册，为了从别人的手里购买这些商标，"宝宝巴士"花费了数百万元，并为此付出了数年的努力。

当前阶段，互联网教育已经渗透到教育的各个细分领域，如基础教育、职业教育、兴趣教育等，借助互联网和移动互联网等现代技术手段，教育将真正有可能逐渐走向全民化和终生化。但无论如何，教育的本质不会变，正如《说文解字》中所说："教，上所施下所效也；育，养子使作善也。"

中国当下教育创新面临的挑战

永安中学党支部书记、校长　黄　超

在"文翁大讲堂"第一期中,温元凯教授提到,当下中国科技教育创新所临的困境主要有政治改革、教育改革、国企改革三块硬骨头要啃。而关于教育创新则有以下五个方面的变革挑战:思想氛围的转变,自由思想和批判思想的培养,摆脱历史渊源的束缚,创新学校管理和治理体制,捅破中国传统文化对创新的压抑。

作为一线教育工作者,讲座后我也进行了相关的思索,于是有了以下体会和想法:

一是当下的中国教育投入与教育发展的客观需要相比仍然不足。

二是当下的中国优质教育资源供给不足与人民群众日益增长的接受高质量教育需求的矛盾比较突出。

三是当下的中国城乡、区域教育发展还极不平衡,各级各类教育发展还不够协调。

我认为,解决这些问题的关键是增加投入和提高教师素质。教师是教育事业的第一资源,教师队伍的整体素质是国家综合实力之所系,全民族素质之所系,发展教育,教师教育应该优先。师范生免费教育政策体现了教师教育是国家的事业、政府的责任。

长期以来,中国师范教育为基础教育输送了大批合格师资,为教育事业发展做出了巨大贡献。自20世纪90年代以来,随着市场经济改革的深化,教师教育体系日益走向开放,更多综合性大学参与教师教育的竞争,社会对教师的质量和结构需求发生很大变化,师范院校面临前所未有的竞争压力。

在市场经济条件下,尤其是在中国各地区间经济和社会发展不平衡状况长期存在,教育发展不均衡、不公平的现象比较突出的情况下,如果把教师教育看作是纯粹的市场行为,教师队伍的整体优化和全面提升将是一个缓慢的自发过程。国家通过公共财政干预机制来调控教师教育的发展,提高教师地位和职业吸引力,建设德才兼备的教师队伍,从根本上有利于保障教育的公共产品属性,促进教育均衡发展和教育公平。

师范生免费教育政策的目标是要进一步形成尊师重教的浓厚氛围,让教育成为全社会最受尊重的事业,就是要培养大批优秀的教师,就是要提倡教育家办学,鼓励更多的优秀青年终身从教。师范生免费教育是一项系统工程,除从招生、培养方案、就业、体制机制等方面统筹规划外,还需要配套保障措施。如加大宣传力度,营造良好氛围,吸引优秀青年报考师范专业。实施优质教育资源支持计划,促进免费师范生成长成才。

为了突破教育改革的困境,实现教育创新,培养创新型人才必不可少。培养创新型人才需要在课程体系、教学内容、评价方法、制度环境等方面深化改革,建设有利于创新型人才培养的大学文化。钟秉林说,创新型人才就是具有创新意识、创新精神、创新思维、创新能力并能够取得创新成果的人才。创新型人才应具备六个特征:博、专结合的充分的知识准备;高度发达的智力和能力;自由发展的个性;积极的人生价值取向和崇高的献身精神;国际视野、竞争意识和国际竞争力;创新型人才还要有强健的体魄。他认为,中国本科生教育课程,仍然存在着过分专业化的倾向。应扩充普通教育的范围,使之涵盖自然科学、社会科学和人文学科三大领域,为学生的发展打下坚实、宽泛的基础。正如温元凯教授所说,在未来教育中,人文社科的教育意义应该发挥更大的作用,以帮助国家培养思想更加健康、人格更加健全的杰出人才。因此,在课程体系的构建上,重视跨学科教育,设立跨学科专业、跨学科课程模块和跨学科课程。同时,应进一步认识本科生科研的重要意义,完善本科生科研的领导与管理体制,指导并推动本科生科研;重点在于让本科生掌握科研方法,养成良好的治学态度和求知精神。

最后，我认为，各国大学普遍重视自身文化建设，有五个方面值得我国学习与借鉴：科学精神与人文精神并重的文化；崇尚学术自由的文化；传统与现代交融的文化；价值宽容的多元文化；全球视野的开放文化。培养创新型人才还应改革和完善与教师发展密切相关的晋升制度、奖酬制度、教学评价制度，鼓励和支持教师特别是优秀教师投身本科生教育。

未来教育的跨界和创新

——观 2019 年"文翁大讲堂"有感

成都市锦江区外国语小学　陶思君

距今 2000 多年前，蜀郡守文翁是否会想到他教育感化蜀地的精神能一以贯之，传承至今？

感谢成都市教育科学研究院主办、西部教育研究院承办的"文翁大讲堂"，也感谢专题报告的各位主讲老师们。非常有幸在假期能够通过成都市中小学教师继续教育网站平台的视频回放，弥补不能到现场聆听的遗憾。接下来我将浅谈聆听温元凯先生关于"全球金融前瞻和中国经济新格局"的感想。

温元凯先生从全球金融前瞻和中国经济新格局、世界工厂的演变、对未来中国科技的几点想法三个议题进行了讲解。教育从来不是与世隔绝的，教育和国家的政治、经济息息相关，相辅相成。温先生的报告中，令我印象最为深刻的是经他重复的钱学森之问——为什么我们的学校总是培养不出杰出人才？

首先，作为一名学生，我回想到了自己的学习历程。其次，作为一名人民教师，我反思了自己的教学。作为新教师，无论是课堂教学还是班级管理，都有太多需要学习的地方。忙碌的工作时常会使自己忘记最初的那份情怀，忘记教育的长远目标。假期是很好的反思和学习时间，我的课堂要怎样营造创新、包容的氛围呢？我要怎样培养创新型杰出人才呢？

我想到了一名半路出家的专业数学老师——萨尔曼·可汗。这位出生于美国，毕业于哈佛商学院的避险基金高级分析师，由于帮表弟补习而制作了教学视频，偶然将视频上传到YouTube上，而引起了广泛的关注。他还创办了可汗学院（Khan Academy）——一个非营利性的教育机构，涵盖数学、历史、金融、物理、化学、生物学、天文学、经济学和计算机科学等领域。他的每一个视频都讲解精炼、细致、有趣，辅以相关知识点的课后习题，学生熟练掌握本知识点并得到满分后才能继续学习下一个版块。而教师将备课、批改作业的时间用于通过软件查看孩子们的学习进度，练习错误，请熟练掌握该知识点的孩子结对帮助遇到学习困难的孩子……

　　这样的学习方式与传统教学截然不同。传统教学往往考虑的是教学进度，阶段测试中不论高分还是低分，都必须继续进入下一版块的学习。对于并未熟练掌握前一个知识点的孩子而言，在下一版块的学习中将存在一定的困难。总是在摇摇晃晃的地基上长久学习的孩子，又怎会筑成坚固的大厦，成长为杰出人才？萨尔曼·可汗的视频重塑了教育的方式，也给出了未来教育的方向，更是落实了孔夫子所主张的"因材施教"的个性化教育。给每一位学生充足的学习、练习时间，让优秀的人更加优秀，促进了教育的平等。

　　回想上半年的特殊时期，全社会都面临着巨大的挑战。疫情期间，学校开展的微课录制、线上学习就是一次警醒。同伴之间的交流，家校之间的沟通，学生之间的差异，无不让我思考教育科技与创新的重要性。其间，我们摸索和学习，收获巨大。然而学生真正需要的是更加专业的老师讲解，更加系统的学习架构，更加强大的科技支持。这一点，我们远远没有做到。

　　数学学科的答案是唯一的，明确的。那么语文学科呢？人文性学科又该如何去开展未来教育的课程呢？在科技日益发达的今天，什么样的人才不会被人工智能替代？答案一定是具有跨界能力，具有综合思考能力的人。教师不仅应该有一颗热爱学生的心，还应该紧跟时代的步伐，多多学习和提升自己。而学校和社会，也应当给教师提供大量学习和提升的机会，给予老师们实质性的指导和帮助。

　　科教兴国、人才强国是永不过时的战略，如何将战略计划由口头转换为真正的力量，路漫漫其修远兮，希望自己能够为这份事业献出绵薄之力。

对未来教育的思考

——听温元凯教授讲课有感

简阳市普安乡中心小学校副校长　陈　可

2019年3月，我有幸在"文翁大讲堂"聆听了温元凯教授讲的《全球金融前瞻和中国经济新格局——中国经济教育创新面临的挑战·未来学思考：2049年的中国》。两个多小时的听课过程，全场几乎没有一人起身走动。

温教授能想敢讲。边听教授讲学，我也在不断思考。关于教育，从来没有一个国家真正敢说自己的教育毫无问题，大家都不断学习认为的、别人的先进理念。注意，我用了一个词，认为的。因为我们发现，前几年有些声音觉得不行的高考，正被某些西方大国如火如荼地深入学习。

当然，我们国家也一样，现在的教育存在很多问题。常常看到网络上有很多人批判我们的教育，批判我们的老师，批判我们的校长，批判教育局、教育厅、教育部……认为某一批孩子是牺牲品，老师又是不是呢？校长又是不是呢？

我认为，我们的社会现在不是该去批判谁的问题，而是应该不断摸索，与时俱进去寻找更优更好更适应当代社会发展的方式。可是，思考者多，先行者少，带给一线教师的非教育教学负担压力太多。所以，教育从来不仅仅是教育系统内的问题，整个大环境都非常重要。

20世纪80年代独生子女开始的某一段时间，家长喜欢把孩子培养成学优的产品，而常常忽略了品正与体健。同样，学校也把德育工作作为锦上添花的一部分，常常是说起来重要，做起来次要，忙起来可以不要。导致之后的很多年出现了无数的"小皇帝""小公主"，中国教育开始被质疑。

中国教育亟待改变！因此，习近平总书记在2019年的全国教育大会上指出，培养德智体美劳全面发展的社会主义建设者和接班人。德智体美劳全面发展应贯穿基础教育、职业教育、高等教育各领域，凡是不利于实现这个目标的做法都要坚决改过来。高等院校作为对接经济社会发展需要和立德树人教育体系的主阵地，理应深刻体会新的时代对人才评价、选拔和培养提出的新要求，抓住国家考试招生制度改革的历史机遇，从理念认识、管理机制、选拔过程等多个维度，切实贯彻全国教育大会精神，助力德智体美劳全面发展教育目标的实现。

这一理念的明确提出，在全国上下掀起了一场大力提倡五育并举的热浪。

如今，国家的招生考试制度改革仍在推进中。如何抓住这一教育领域深化改革的政策红利，切实落实德智体美劳全面发展教育目标的实现，成为摆在教育工作者和管理者面前的重要课题。要想实现这一目标，高校招生首先要避免陷入"衡量"怪圈，避免唯分数论，要切实将德智体美劳作为全面选拔的参考依据，一些不显见、不客观、不可比的要素，也许不能全部考量进去，但也务必要多思考、多探索，尽量全面地考核学生。

当然，说事容易做事难。任何一项改革都需要在不断探索与辗转中前行，教育的改革与创新更需要广大教育者身怀爱国情怀，不断努力付出。相信在党中央的正确领导下，在全国教育工作者的共同努力下，中国的教育必将为中国未来的发展做出不可磨灭的贡献！

第二期

桂贤娣老师报告中的四个"三"

成都石室中学北湖校区　赵清芳

2019年4月29日上午,"文翁大讲堂"在成都石室中学北湖校区多功能厅如期举行。担任本次讲座嘉宾的是一位普普通通的小学班主任。然而,在其报告结束后,全场观众自发起立,为桂老师送上了最热烈的掌声和最崇高的敬意。作为对话环节的主持人,我在活动结束时用四个"三"表达了自己由衷的敬意:

报告三无:无讲稿,无课件,无摄像。

观众三有:有掌声,有笑声,有欢呼声。

每日三问:今天你爱学生了吗?你知道如何爱学生吗?学生感受到你的爱了吗?

创新三源:教师的创新源自智慧、尊重与爱。

一、桂老师都做了什么

1. 教孩子洗手:先请孩子们观察桂老师的洗手方法,哪些做得对,哪些做得不对。在表扬孩子们观察仔细后,桂老师问孩子们,该怎样洗手呢?水龙头不能全部打开,只能打开一半,以免把衣服打湿;七步洗手法,唱两遍生日快乐歌,持续一分零三秒。

2. 教孩子擦屁股:到厕所里检查孩子们大便后的纸。如果纸是干净的,那肛门就是脏的;如果纸是脏的,那肛门就是干净的。"请孩子们告诉桂老师,你是怎么擦屁股的?"把卫生纸折叠好,放在每一个孩子的包里,和孩子一起到厕所。从前往后擦，擦一次，看看纸上有没有；折叠后再擦一次，看看纸上有没有；折叠后再擦一次，看看纸上有没有；一共擦三次。

3. 教孩子穿马甲：第一周召开家长会，要求每位家长给孩子准备一件马甲，不买套头的，买扣扣子的。每天下午3点40分至4点整寒气袭来时到班上去检查，督促容易感冒的孩子穿马甲并扣好扣子，不容易感冒的孩子可以不用扣扣子。

4. 给孩子买汗巾：给一年级的孩子每人买两条汗巾，每条都写上孩子的名字。上完体育课后，先用一条汗巾给孩子擦背，擦湿后再换一张擦。汗巾用清水洗，不打任何洗衣液，洗完后即刻在太阳下晾晒。

5. 让孩子穿戴最亮的服饰：雾霾天，让家长给孩子们买颜色最鲜亮的服饰，类似高速交警或环卫工作的服装颜色。可以是帽子，或马甲或书包或其他装饰品，总之要求能见度不高时能够吸引司机的注意力，确保孩子们的安全。

二、桂老师都说了什么

1. 你爱学生吗？你会爱学生吗？你的学生感受到你的爱了吗？

2. 人们常讲"因材施教"，我能不能"因生施爱"？"施"，是从上到下，但老师和学生是平等的，所以我把它改成了"因生给爱"。

3. 一切不和生活实际相结合的德育，都是耍流氓。我们的德育教育不要高瞻远瞩，要实实在在。

4. 爱学生也需要技巧，情感与智慧就是秘诀。

5. 有德行的老师，是全校孩子的老师，不要分得太清楚，不要想他是不是自己班上的孩子，因为所有孩子都叫你"老师"。

6. 什么是教育？孩子不会，把孩子教会，就是教育。

7. 要是孩子什么都知道，那我们就下岗了呀。什么是教育，就是把孩子们不会的教会。

8. 幼儿园不教，爸爸妈妈也不教，只有小学老师教。家长觉得该老师教，老师觉得该家长教，只有桂老师来教。

9. 我不说无私奉献，但我们要修自己的心，慢慢做。

10. 6—12岁的女孩、男孩发生这样那样的问题，该怎么办？我会请教专业的医生，之后用学生听得懂的话，教给学生和家长。

11. 什么是优秀教师？为学生解决实际问题、为家长解决实际困难、为校长解决实际困难的老师。

12. 老师说话一定要注意分寸，教师的语言伤害力是杀人不见血的。

13. 父母可以说孩子是弱智，教师不能！因为教师是专业的，你比父母多了个"证"。

14. 如果我有教育智慧的话，那就是爱，因为爱是智慧的源泉。

15. 孩子多喝白开水少喝饮料，就很少感冒。我就是要让我的学生少生病，少旷课，少麻烦家长。

16. 做一个老师，有时比做局长都有味儿，我觉得我是在积福与积德。

"慧"爱于行

——听"文翁大讲堂"桂贤娣老师的专题报告有感

成都市成华实验小学 巫晓翠

古有"文翁化蜀",今有"文翁大讲堂"。中华文化的血脉代代相传,生生不息。"文翁大讲堂"持续不断地发光发热,文化力量的辐射面越来越宽广,受到文化滋养的人也越来越多。

在广博的中华文化里,"爱"是一个让人感到温暖的字眼。父母之爱,爱得细腻;朋友之爱,爱得贴心;教师之爱,爱得智慧……"文翁大讲堂"中桂贤娣老师对学生点点滴滴的爱都走入孩子的心灵,浸润着教育的智慧,散发着教育的光芒,那是"慧"爱!"随风潜入夜,润物细无声。"我想,这也许正是对"慧"爱的形象写照。这是一种慢慢的水滴石穿的浸润教育,这是一种悄悄的静待花开的陪伴教育。

这样的心灵教育,成华实验小学正在践行。我校以"知心育人,幸福成长"为办学理念,学校的老师是知心教师,学生是阳光少年。我为自己是一名成华实小的知心教师而备感自豪。老师们知心育人,将"慧"爱融入到平时的教育教学中。学生沉浸在教师的"慧"爱之中,感受着浓浓的心育文化氛围,阳光、快乐地成长!

看着"慧"爱这个闪光的词语,我的眼前浮现出了一幅幅生动的画面……

一、"慧"爱化尴尬

那天，初升的朝阳尽情地将灿烂的阳光洒进我们班的教室里。沐浴着晨光，同学们在教室里认真地朗读课文。课文刚读完，小明（化名）同学脱口而出："妈妈，这篇课文……"同学们看看我，又看看小明，随即哈哈大笑起来。看来，他是急着有问题要问。我心里想着，也露出了微笑。马上又有同学问："老师，他为什么叫你妈妈？"我笑着说："因为他爱我啊。他能叫我妈妈，我感到很荣幸。"这时，同学们的笑声小了，随即又向小明投去羡慕的目光。小明呢，一脸的尴尬消失了，脸上流露的是满满的自豪。小明的一声"妈妈"，不就是他爱老师的体现吗？只有在内心深处爱这个人，才会这样情不自禁、脱口而出啊！他的这份爱，何错之有？我充分肯定孩子对老师的爱，同时，也引导其他同学正确看待他的称呼，学会爱他人。此时的"慧"爱如一阵清风吹散迷雾，让一切变得清朗、明亮。它化解了孩子的尴尬，让孩子变得自信、阳光！

二、"慧"爱教会爱

那是一个平静的清晨，我走进办公室，发现办公桌上静静躺着一张贺卡。我打开一看，上面写满了全班同学给我的母亲节祝福语。一瞬间，满满的感动在心中荡漾。"是谁组织的呢？"后来我知道了是小亮（化名）组织大家写的。小亮笑呵呵地说："您爱我们，我们也爱您。"说起小亮，还有一段故事。小亮的妈妈在他很小的时候就"走"了，爸爸的工作特别忙，姐姐在外面上学。看着一天天长大的小亮，我决定要在他的心里种下关爱他人的种子。于是，在父亲节前夕，我送给小亮一支签字笔，并对他说："父亲节快到了，你把这支签字笔送给爸爸吧，祝爸爸节日快乐！记得说是你买的哦。"小亮高兴地点了点头。不久，小亮的爸爸激动地告诉我，孩子都知道爱爸爸了。又过了一段时间，一天，小亮神秘地告诉我："老师，我的姐姐要过生日了，我花了三元钱为姐姐买了一条项链，好看吗？"他递给我，我一看，那是一条鲜艳的塑料项链。我连连点头，"你会爱姐姐了，姐姐一定会喜欢的。"从送签字笔给爸爸——爱爸爸，到送塑料项链给姐姐——爱姐姐，再到后来组织全班同学写贺卡送给老师——爱老师，我想，关爱他人的种子已经在孩子心中生根发芽了，孩子逐渐学会关爱他人了。"慧"爱让孩子学会了爱他人。

"慧"爱如一道光，似一团火，明亮又温暖。它的明亮为孩子照亮了前进的方向，它的温暖给了孩子前进的力量！它的明亮和温暖让教师光芒万丈！"慧"爱，促使教师走入孩子的心灵，也让教师感受来自孩子心灵的爱。"慧"爱，让教师照亮别人的同时，也温暖自己。它让孩子健康成长，它让教师丰盈自我，它让学校内涵发展！

"慧"爱于心，"慧"爱于行，我们一直在践行……

德行为先　智慧育人

——听《做有德行有智慧的教育人》报告有感

成都市双流区实验幼儿园　万　莉

2019年4月30日，我有幸参加了由成都市教育局主管，成都市教育科学研究院主办，四川西部教育研究院承办，成都石室中学协办的2019年第二期暨第71场"文翁大讲堂"。这次报告会邀请了武汉市汉阳区钟家村小学教师、湖北省特级教师、全国十大教书育人楷模、全国模范教师、全国优秀班主任、全国改革创新先锋教师、全国劳动模范、全国五一劳动奖章获得者、全国三八红旗手、2016年中组部"万人计划"百名教学名师领军人物、2014年教师节献礼电影《班主任》的原型桂贤娣老师作专题报告——《做有德行有智慧的教育人》。

桂老师以自己的亲身经历，讲述了从教30余年潜心育人的故事。通过一个个真实鲜活的教育案例，生动幽默地诠释了如何成为一个优秀的教师，如何做一个有德行有智慧的教育者。

重德行是一个教育者最基本、也是最重要的要求。古人云：学高为师，德高为范。我认为为师者，德行应该体现在以下三个方面：

首先，有高尚的情操。作为新时代的教育者，要模范地履行教师的职业道德规范，有热爱教育、献身教育的崇高职业理想和道德追求，有热爱学生、诲人不倦的道德情感，有关心集体、团结协作的道德准则，有严于律己、为人师表的道德形象。我们应该在思想政治、道德品质、学识学风等方面以身作则，率先垂范，争做师德的表率，育人的楷模。

其次,讲良心。"凭良心做事,凭良心办事""问心无愧""对得起良心",这是几千年来中国人处事的箴言,也是每位教育工作者的工作要求和人生追求。我们应该充分认识到职业良心的重要性,做到"不误人子弟"。忠诚地执行党和国家的教育方针,忠实地遵循教育教学规律和人才成长规律,教好每一位幼儿,爱岗敬业,爱生如子,处处以幼儿的终身发展为出发点,不计个人得失,守得住清贫,甘为人梯,无愧于"阳光底下最灿烂"的职业。

最后,负责任。冰心说过这样一段话:"爱在左,情在右,在生命的两旁,随时撒种,随时开花,将这一径长途点缀得花香弥漫,使得穿花拂叶的行人,踏着荆棘,不觉痛苦,有泪可挥,不觉悲凉。"作为人类灵魂的工程师,我们承担着教书育人的神圣使命,我们要把肩头那份沉甸甸的责任化作前进的动力,对自己负责,对幼儿负责,对教育负责,对国家负责,在平凡的岗位上做出不平凡的业绩。

桂老师的教育生涯一直坚持用"情感育人",她包容、接受学生的一切,由衷地喜爱他们、关心他们。在会上,她说她在不断地问自己三个问题——"我爱我的学生吗?""我会爱我的学生吗?""我的学生感受到我的爱了吗?"她在这样的追问中探寻教育的真谛,回归教育的初心。

然而每个学生都是不同的个体,学龄前儿童体现更甚,他们的差异性让每个人的需要都不相同。所以除了"情感育人",我们还应该学着去做一个有智慧的教育者。

智慧,一个有着深刻含义的词语,在教育教学中如何做一名有智慧的老师呢?教育智慧是良好教育的一种内在品质,表现为教育的一种自由、和谐、开放和创造的状态,表现为真正意义上尊重生命、关注个性、崇尚智慧、追求人生幸福的教育境界。教育智慧在教育教学实践中主要表现为教师对于教育教学工作的规律性把握、创造性驾驭和深刻洞悉、敏锐反应以及灵活机智应对的综合能力。所以,智慧型教师的最大特点就是强调个性在教育实践中的作用。

首先,要"用智慧去读懂每一位孩子"。

前苏联教育家苏霍姆林斯基讲过这样一个故事:在他小的时候,曾将一把石子递给杂货铺老板"买糖"，杂货铺的老板迟疑了片刻后收下石子，然后把糖"卖"给了他。苏霍姆林斯基说："这个老人的善良和对儿童的理解影响了我的一生。"

这个杂货铺老板不是教育家，但他拥有教育者的智慧与情怀，他没有以成人的逻辑去分析孩子的行为，而是以一颗宽容的心维护了一个幼小生命的尊严。教育是一门个性化很强的艺术，所以也找不到一种通用的方法适用于所有的孩子。每个孩子的精神世界都是一本独特的非常耐读的而又不易读懂的书，需要老师勤读、细读，用智慧与理性去读。

其次，要用智慧去看待幼儿的差异。

苏霍姆林斯基说：让所有刚入学的儿童都完成同一种体力劳动，如去提水，一个孩子提一桶水就精疲力竭了，而另一个孩子能提多桶。如果你强迫一个身体虚弱的孩子一定要提多桶，那么，就会损害他的力气，明天想干都干不成了，说不定还会躺到医院里。差异是客观存在的，我们要用智慧去对待差异。

再其次，要用智慧的语言组织教学。

智慧的课堂教学，很重要的一部分是老师语言的智慧。因为智慧的点拨，可以使幼儿茅塞顿开；智慧的讲解，可以使幼儿恍然大悟；智慧的提问，可以使幼儿产生灵感。表现为教育机智的智慧，可以化解尴尬。

最后，要用教师的智慧去开启幼儿的智慧。

要让幼儿智慧的学习与生活，用智慧的双手创造智慧的头脑，要让幼儿体验智慧的力量和创造的欢乐，要让我们的幼儿成为会思考、有智慧的人。

让我们做一个有道德有智慧的教育人，让我们用人格去感染人，用情感去召唤人，让我们像桂老师一样"情感育人"，不忘教育初心，牢记教育使命，去探索教育的真谛。

做新时代有德有智的教育人

成都市实验小学西区分校 尹 洪

党的十九大以来，我们的国家步入了新时代。新时代，是承前启后、继往开来的时代；是全面建设社会主义现代化强国的时代；是全国各族人民团结奋斗、不断创造美好生活的时代；是全体中华儿女勠力同心、奋力实现中华民族伟大复兴中国梦的时代；是我国日益走近世界舞台中央、不断为人类做出更大贡献的时代！沐浴着新时代的朝阳，教师群体也应担负起全新的使命，争做令党和人民满意的教育人！

新时代的教育人应该是有德之师，是有德行的传道授业者。

有德之师者，在于怀揣理想信念。信念就如同风雨海面上的灯塔，为前行的道路点亮光明，带来希望。教育是一项神圣但是却异常艰苦的事业，其间充满荆棘坎坷，在与每一个生命碰撞的过程中既有欢喜也有泪水。教育者的每一个微小的举动都会给另一个生命带来意义非凡的结果。因此，教育者应该怀揣理想和信念去对待自己的工作：要坚信共产主义思想，要坚信教书育人的重大价值，要坚信自己的每一份付出都是在为祖国的未来谋幸福。只有怀揣理想信念的教育人，才能更长久地托起肩上的重责。

有德之师者，在于修炼道德情操。良好的师德是育人最重要的前提，一个道德情操高尚的教育者，他的学生至少也是品行端正的人。新时代的教育者应该认真解读《新时代教师职业行为十项准则》，并严格遵守文件要求。在大的思想方向上，要坚守和贯彻党的政治方针，自觉带头爱国守法，引领学生弘扬和传播国家的优秀文化。在日常的教育过程中，还要秉承公平公正的原则，不在教学工作中弄虚作假、厚此薄彼；要杜绝一切腐败的教师行为，坚守廉洁自律，不利用自己的职务之便谋取私利。

有德之师者，还在于富有仁爱之心。要想铸就有生命力的灵魂，首先教育者自身要修炼一颗仁爱之心。对待学生，最重要的是一视同仁，要把他们视为有差异但却没有优劣的个体。在教育过程中，可以有整齐划一的上课方式，但更要存在针对学生不同个性的多样化教学方式。对待学生，还要有耐心，用从容、平静的心态面对任何一位问题学生，不仅在学习上给予他们关注和鼓励，更要在生活的细微处体现一位仁者对他们成长的默默关怀。

新时代的教育人还应该是有智之师，是有智慧的灵魂工程师。

有智之师者，第一要务在于不断积累扎实的专业知识。过硬的学科专业知识是教育学生最重要的武器，也是教师安身立命之根本。作为一名新时代的有智之师，首先是要修炼自己的学科基本功，严谨对待自己的每一次教学备课，做好最充分的知识准备再上课堂，要永远对讲台充满敬畏感。另外，当代教师处于知识爆炸、互联网信息铺天盖地的时代，学生更易于通过网络直接获取知识。因此，教师更应严格要求自己，不仅做到专业知识过硬，还要有不断为自己充电，养成终身学习的意识。只有这样，才能不被时代、甚至不被自己的学生所淘汰。

有智之师者，还要具备匹配时代发展的教师专业能力。随着人类社会日新月异的变化和进步，传统的教书育人模式也在发生质的改变。教师不再是站在讲台上传授知识的匠人，更是一个带领学生走向新时代的引路者。教师的专业能力不再局限于课堂的教学管理能力、学科知识教学能力，而是拓展到了其他更广阔的领域。新时代教师应该有辅导学生心理成长的基本能力，特别是如何利用心理学的知识帮助问题儿童解决学习生活中的实际问题的能力；新时代教师还应该有发展团队精神的组织能力，在各级各类学生活动中能调动他们的积极主动性，发展他们团结协作、勇于拼搏的社会品质；新时代教师更应该有勇于突破创新的科研能力，一方面通过善于反思、总结来发现自身教育教学的问题，另一方面能通过课题研究、论文撰写等科学的方法来突破自己的瓶颈，不断与新鲜的教育理念、教学模式接轨。

新时代教育人，有德之师、有智之师也。在时代前进的潮流中，唯此"双有"之师者，方能乘风破浪，开拓崭新的未来。

以德为先　用爱护苗

——桂贤娣老师专题报告观后感

成都市锦江区外国语小学　邹　佳

观看了桂贤娣老师的专题报告《做有德行有智慧的教育人》，我有一些思考和感受。无须高深的理论，无须多样的修饰，桂老师用最质朴的话语讲述了自己30多年来潜心育人的故事，每一个案例都那么真实鲜活，让我们深刻感受到她对学生真挚、无私、智慧的爱。桂老师给我们做出了最好的示范。

反观我自身，一名刚走出象牙塔的新老师，对于教育有过很多迷茫与无助。所幸，我不是一个人在战斗，始终有那么多的前辈和同辈在引领、支持、帮助我。在这样的环境下，我开始学着做一位有德行、有智慧的教育人，做一个有爱并且会恰当表达爱的教育人。

我认为为师之根本是德行，不仅要有"学高为师，身正为范""立德树人"这样的规范与要求，还有像桂老师这样的优秀前辈用自身言行向我们诠释了什么是为师的根本。如果一名老师没有高尚的情怀、端正的品行，把教书育人仅仅当作一份谋生的工作，心中没有对学生无私的爱，我想这样的老师不会是优秀的老师，甚至可以说是不合格的老师。德行，是身为人师的根本。德行是一个抽象名词，我们怎么才能把它具体化、显性化呢？我认为就是要用爱来体现。结合平时的教育教学工作，让我感触最深的是这几种爱。

一、接纳之爱

我们班上有一名与同龄孩子有些差异的孩子，名叫朵朵（化名），7岁，躁动、随意乱跑、不听话是他的"标签"。他的自理能力较差，3岁起，他的妈妈就辞职了，全身心照顾、陪伴他。报名当天，我与孩子母亲进行了交流，得知了他生病的原委、成长的主要事件。尤为重要的是，无论多难，整个家庭都没有放弃他，希望他通过训练，可以拥有正常孩童那样的校园生活。这样的交谈，让我内心消除了对这个与众不同的孩子的恐惧。我开始调整心态，达成"从心底接受他，并且愿意帮助他"的自我暗示。我想，只有在思想上接纳了这个孩子，我的行为才会体现出对他的接纳与包容，才能实现教育的公平。

二、个性化的爱

每个孩子都是独立的个体，他们有着不同的性格、气质。教育需要做到因材施教，学生应该拥有个性化的爱。我同样以朵朵为例。

开始的一两周，朵朵几乎不听我的指令，总是喜欢在教室里随意走动，常常在班级最安静的时候发出尖锐的"怪叫声"，不愿意上课、做作业，不愿意参与各项活动，如眼保健操、课间操等，完全活在自己的世界中。他躁动，其他孩子就跟着乱动；他乱跑，其他孩子就跟着离开座位……这个孩子，已经严重影响了班级的秩序。但是，我并没有因此而嫌弃他，我甚至觉得这是正常的，也许这就是他表达兴奋的方式。我应当尊重他，应当给予他个性化的爱。

通过一段时间的观察，我开始对朵朵有了更切实的了解，开始思考如何帮助他。相较于其他孩子，我对他的要求比较弹性，给了他较充裕的适应时间，并一步步规范他的行为、帮助他学习。

三、有智慧的爱

爱需要智慧，这不是想当然的。针对朵朵的情况，我采取了以下措施。

第一，抓纪律。我会时常表扬班级里纪律好的孩子，比如他们上课认真听讲、坐得端正。朵朵为了得到表扬，就会模仿好的行为。另外，朵朵比较听妈妈的话，妈妈也一直是他的同桌、是他最亲密的人。我就请朵朵妈妈用各种方式跟孩子反复强调课堂纪律、规范：上课不得离开座位；尽量不发出声响，不影响其他同学；允许他有一些小动作；在非课堂时段，反复告知他什么是恰当的行为。同时，给予一些正向强化物，许诺只要他能够做到，就奖励他喜欢的物品、休闲活动等。

第二，促参与。我不断鼓励朵朵参与学校各项活动，提高他的参与度与获得感。根据朵朵的情况，如果只是单纯地用干瘪的语言让他坐端正、不尖叫等并非明智之举，因为他根本听不懂这些干瘪的话，并且他的内心非常抵触这些命令。想办法让他有效地参与各项活动、融入学校生活，才有助于解决其行为问题。我尝试了很多办法：提前预习、降低课业难度、替换学习内容（对于一些完全不能参与的部分，改用其他内容代替）。此外，我跟老师们进行了协商，在保证正常教学的情况下，对他进行一些"特殊照顾"。比如：室外体育课，李老师会在条件允许的情况下，单独为他示范动作，鼓励他动起来；道德与法治课，徐老师会特意邀请他与同学做情景演示；科学课，刘老师让他操作他感兴趣的部分；形体课，柳老师安排他站在镜子前，让他看到自己的动作，提高他的参与度……

就这样，不只朵朵越来越适应小学生活，有收获、有成长，班上的其他孩子也学会了包容与关爱。他们会主动帮助有困难的同学，会原谅同学因不小心而犯下的过失，会用自己的方式来表达心中的爱，他们在爱与被爱中成长。而我，一个年轻的"班妈妈"，又何尝不是在这个过程中成长呢？人们说最好的教育是教学相长。是的，我正在体会着。我想，只要一直严守师德，心中有爱，眼中有人，这一棵棵小树苗就有了最基本的呵护，就能顺着他们的"自然之道"茁壮成长。这也是教育的意义、教育人的归属所在吧！

因生施爱，慧爱学生

——聆听《做有德行有智慧的教育人》讲座有感

成都市双流区东升一中　李　萍

2019年4月30日，我有幸聆听了2019年第二期"文翁大讲堂"特邀嘉宾、湖北省特级教师桂贤娣老师的主题讲座《做有德行有智慧的教育人》。桂老师幽默的语言、智慧的教育艺术、极佳的精气神，处处洋溢着一个有德行有智慧的教育人的气息。古语有言，吾日三省吾身。桂老师每周也有来自灵魂的"三问"：一问"我爱我的学生吗"；二问"我会爱我的学生吗"；三问"我的学生感受到我的爱了吗"。这"三问"一直萦绕在我的脑间，挥之不去。

国运兴衰，系于教育；教育振兴，教师为本；教师大计，师德为魂。立德树人是教育的根本任务，为师者必须以德为先。爱学生，做学生的朋友，这是桂老师毕生的教育追求，也是优秀教师良好师德师风的最佳体现。

讲座中，桂老师以自己的亲身经历讲述了从教30余年潜心育人的故事。通过一个个真实鲜活的教育案例，用一句句深入人心的教育"慧言"，勾勒出一位充满了教育大智慧——"因生施爱，慧爱学生"的班主任形象，生动幽默地诠释了优秀教师所具有的最重要的品质——善良和爱。这种爱是智慧的爱，适切的爱，恰到好处的爱，能激发学生真挚情感的爱。

因生施爱，慧爱学生。这是桂老师教育故事中传递出的最强声音，这是知行合一的优秀教师的最美教育。作为一名从教20年的教师，我也时常感叹，现在的孩子越来越难教，越来越难沟通、交流。聆听了桂老师的讲座后，我醍醐灌顶，备感教育的春天在于我们应该戒除浮躁、回归教育的初心，遵循那些基本的教育常识。这其中就有"没有爱，就没有教育"。

教育家顾明远曾言："没有爱就没有教育。"这又需要回到问题的原点，什么才是爱？怎样做才是爱学生？现实生活中，作为老师、家长，时常用一句"这都是为你好"来要求孩子完成他们并不热衷或并不适合的这样任务，那样事情。这是爱吗？显然，这并不是尊重孩子的"爱"。反之，那些无限制满足孩子需求的行为，看上去是一种爱，但那是溺爱。真正的爱，应该是尊重与信任学生，尊重学生的基础、尊重他们的人格、尊重他们的需要，用同理心去感受他们的需要，用共情去体会他们的内心。

作为教师，当我们高举着"爱学生"的旗帜，对学生滔滔不绝、诲人不倦时，殊不知，有的学生却不屑一顾。此时，我们兴许会喟叹：哎，我用心良苦，你却让我心凉！其实不然。这样的学生，或许是因为成长路上缺少了一点旁人的关注，缺少了老师亦师亦友，共情教育般的关爱。

俄罗斯哲学家索洛维约夫认为，人类的爱分两种：情感之爱和理性之爱。教师对学生的爱也不例外。例如，因为某个学生学习能力强、待人有礼貌、学习生活中积极上进等原因，老师对她喜爱并关爱有加，这是爱！但这仅是"情感之爱"，这是"小爱"。要做到爱每一个学生，仅仅有情感之爱是远远不够的。因为，即使是父母，面对自己的几个孩子，也不可能完全做到同样喜爱，平等对待。所以，教师对待每一个学生应该是"理性之爱"，是"大爱"——理解并尊重每一个学生生命存在的独特价值和意义。唯有这样，才能将其生命的潜能充分挖掘出来，变为无限的生长和发展。

每一位学生都渴望得到老师的爱，尤其是那些遭遇了家庭特殊变故的学生，抑或是有着特殊成长经历的学生。他们容易形成特别的性格。孩子的情感是丰富的，也是脆弱的，教师的一言一行、一举一动都会影响学生。一句鼓励的话语、一次紧紧的拥抱、一个温暖的眼神……都会让学生记忆深刻，成为前进路上的不竭动力。教师应用真心、良心、爱心，对学生真诚相待、热情鼓励、耐心帮助，用师爱的温情融化他们心中的坚冰。

在这个多元化时代，要落实立德树人的育人目标，就得不断提升教师素养，在教育教学中，以人为本，尊重差异，因材施教。面对不同的学生，努力做到亦师亦友、共情教育。为人师，要牢记教学相长、用爱育人；为人友，要真诚以待、共情教育。

教育之路，任重道远，守正笃实，久久为功。作为教师，要不断增强立德树人的责任感，时刻牢记保持高尚的道德情操，以德立身、以德立学、以德施教、以德育德，用爱托起孩子的明天，因生施爱，慧爱学生，努力成为一名有德行有智慧的教育人。

用一颗心守护另一颗心

四川师范大学实验幼儿园　袁丽霞

踏出大学校园，步入另一个校门，与孩子们在一起学习与生活已有两年光景。这是一段没有终点的无与伦比的旅程。在美好的小时光中，我不断告诉自己，做一个温暖的人，眼里有光，心中有爱；做一个智慧的人，眼中有孩子，与孩子为伴。我与孩子们在一起很幸福，我们也有许多特别而又精彩的小故事。

一、她的声音真好听

谈及我与我的好朋友朵朵的故事，我会感到热血沸腾，与她，是心与心不断贴近的过程。

一开始见到朵朵的时候，她给我的印象是不太爱主动说话，常用点头或摇头表达。她很特别，与好朋友交流的时候，就像一个演说家，侃侃而谈，但是面对老师，面对集体，面对她不熟悉的环境或场景，她就好像失去了活力。我刚开始很不理解，但我选择了等待与观察。后来她的妈妈与我进行了交流，让我对她有了进一步的了解。起初，我时不时都会抛出橄榄枝给她，而她也时常用点头或摇头回馈我。后来，为了让她感受到自己的声音很好听，我邀请她在家里录好故事，在班级播放出来，这给她带来了莫大的鼓励；为了让她感受到说话的神奇，我邀请她参与小助手活动，她更是喜上眉梢；为了进一步跟她拉近"关系"，我经常在她面前"示好"，传达我想和她做朋友的想法……从她妈妈的口中，我意外收获了"小粉好朋友"的称号,这可比得了冠军还要幸福。后来,她时常会在我的背后笑嘻嘻地"偷袭"我,我还变成了她的衰姐。

等待或许对于我以及孩子来说,是最好的良药。孩子需要慢慢敞开心扉,我需要慢慢去发现,去理解,去感同身受,去守护。

二、他笑起来真好看

他有一个特别的小名——大炮,如果这个名字被大声叫出来,其他小朋友都会笑起来,他也会腼腆地笑起来。和他的名字一样,他也很特别。

在其他老师面前,或许他会被贴上不一样的标签,但我却觉得他像一颗被隐藏的珍珠,需要被发现。他很有自己的想法,每次说出自己意见的时候,都掷地有声,即使其他小朋友不在意,他也毫不怯场。如果被欺负了,他不会"告状",更不会反击,他会习惯性举起自己的右手,拍自己的脑袋。他特别的举动一直牵引着我的心,我意识到他需要特别的关心与支持。在我参加幼儿园公开课的时候,虽然大家都不看好他,但我还是冒着"风险"选择了他。在那一段跟随着孩子准备的过程中,他果真变得闪闪发光,其他孩子也被他深深吸引,也渐渐了解了他。在正式"亮相"的户外活动上,天空不给力,下起了下雨。我们要收拾整理的时候,他第一时间急忙抢他的"隧道计划"。他不一样的举动给其他老师留下了深刻的印象。

用真心去守护孩子的美好与特别,慢慢地,他变得喜欢笑了,而且也会常常出现在孩子们的游戏计划、游戏故事中。

三、他的想法真特别

他是一个十分喜欢"听"的孩子,从他妈妈口中得知,他常常央求妈妈给他讲关于人体、细胞等方面的新奇知识,当然他也成为了小朋友口中最有学问的人。

他总会有很多新奇的想法,游戏中,他会自言自语:"宝宝得了血液突发病……我们要找到不一样的药物来救护宝宝……人参果和冬虫夏草混合再加一点酒精就变成了可以治疗血管很多病的良药……"游戏的时候，我看见他在不停地寻找"草药"，将其捣碎。游戏结束后，他还将草药盛放在篮子里，放在阳光下晾晒。

一次，我将《这是苹果吗，也许是吧》这本特别的绘本分享给了孩子们。这一举动激发了他无限的想象。他给自己编写了另一本故事小书《这是橙子吗，也许是吧》。他说："也许橙子有生命，当它什么情绪都没有的时候，什么事情也不会发生；当它哭的时候，眼泪聚集在一起会慢慢变成宝石。也许橙子开心的时候，它的形状会变成钻石一样；也许橙子伤心不哭的时候，会有四层保护罩。也许地球是由100个这样的橙子构成的；也许地球上只有一个橙子。橙子，我爱你。"他时常对我说："袁老师，我想再画一本故事小书。会是什么呢？也许是吧。"还说要给我惊喜，让我等待他的故事小书。

与他，守护他与众不同的想法，给予他更多的肯定与认可，鼓励他将想法用比较恰当的方式表达出来。

就像孩子的一百种语言一样，每个孩子都是有能力的个体，积攒着强大的能量，似埋在土里的种子，蓄势待发，破土而出，诉说他们的多彩故事。这是多么迷人的画面，不禁吸引我留恋驻足，思考着、想象着……每一个孩子都是一幅画，珍视孩子特别的表达以及表现的方式，用教育智慧去守护孩子的一言一行、一举一动，用真心守护孩子的另一颗真心。

做学生心中精明的领路人

——观《做有德行有智慧的教育人》有感

简阳市云龙镇中心小学　魏　婷

2019年4月30日，桂贤娣老师在"文翁大讲堂"做了关于《做有德行有智慧的教育人》的专题报告。报告会一开始，桂老师的灵魂三问——"你爱学生吗？你会爱学生吗？你的学生感受到你的爱了吗？"让我陷入了沉思。

班级作为学校教导工作的基本单位，是学生学习、活动的基层组织。因为班级具有不成熟性，故它需要教育者进行大量的有目的有计划的工作，将学习者组织起来，培养成为一个真正的集体。其中班主任发挥着至关重要的作用。

一、树立"热爱学生"思想——让学生感受爱

热爱学生不应只将它看作师德的要求，而应将"热爱学生"真正内化并表现出来。小学生是具有独立思想的人，若以仁爱之心对待他们，他们会感觉得到。而班主任作为与学生接触最多的人，学生对班主任总有不一般的信任感。作为班主任应发挥这一优势，做到以下两点。

（一）因材施教——每个学生都是独特的人

受教育者不是单纯、抽象的学习者，而是有独特个性的、完整的人。学生在学校的教育活动中不仅会呈现出群体生活的共性，更会表现出个体的独特性。既然有独特性也就意味着有差异性，班主任不光要认识到学生的差异

性，更应该尊重学生的差异性，并同其他教育者一道将学生培养成为能获得完全自由发展的"完人"。

（二）善于"交心"，了解学生内心

俄国教育家乌申斯基曾言："如果教育家从一切方面教育人，那么首先就必须从一切方面去了解人。"要想建立良好的班集体，让学生感受爱，必须与学生平等交谈，深入交谈，多方面、多角度去了解学生的性格、思想，以致一旦出现"情绪变化""学习状况变差"等情况能及时找到原因，及时纠正。师生间的交流共处，有利于构建和谐、融洽的师生关系，加强师生间的心灵沟通。

关心每一位同学的成长，为每一位同学着想。教育本身就是一项反复、长期的事业。有些问题，学生常常会犯，有些错误，个别同学总是犯。这时候，我们应该针对这类同学出现的情况，思考为什么会出现相同的错误，怎样去纠正并杜绝再犯。

二、培养班级小主人——让他们表达爱

一个良好的班集体都会有一批团结在班主任周围的积极分子，他们在班集体建设中发挥着重大作用。班主任从这批积极分子中选拔出热心为集体服务、真诚待人、团结同学，具有相应管理协调能力的学生组成班干部，将他们培养成带动全体同学发展的目标核心。让全体学生感受到爱并能在班集体中表达爱，让更多甚至是全体学生参与到班集体建设中来。

（一）班集体与"班级小主人"协同教育

班主任培养班级小主人，并不意味着班主任可以完全放手，将班级交给他们"统领"。而是班主任在班级管理过程中营造健康的班级心理环境，并在教育过程中将班干部置于集体中，既要注意教育班集体，培养班集体，通过集体中大的良好舆论、良好风气、传统等去教育个人，又要利用班干部的个性特点、差异进行个别教育，让他们的成长和进步促进班集体向好的趋势发展。

（二）巧抓学生"闪光点"

班主任应该用"一分为二"的观点看待问题。成绩最差的学生或许是学困生，但他们爱劳动、关心同学、人际关系融洽等优点都应被班主任发现。班主任应将这些积极因素放大，引导学生自觉评价自己，进行自我教育，让学生的积极因素更加放大，克服消极因素带来的影响。

将学生放在首位，思考问题从学生的角度出发，让学生感受到爱，班主任工作才能做得更好，才能成为学生心中精明的领路人。

第三期

中小学开展生涯规划教育的几点思考

成都市高新和平学校　卢德彬

前言：2019年5月16日，我有幸参加了"文翁大讲堂"活动，聆听了严文蕃教授所做的《美国教育改革分析：中美比较的视角》报告，并且有幸在现场互动环节与严教授就生涯规划教育的问题进行了探讨和交流。稍后又在网上观看了严教授所做的《生涯规划教育在美国：实践和启示》报告视频，引发了我对中小学开展生涯规划教育的一些思考。

"生涯规划"这一概念的提出已有上百年的历史，一般指一个人根据社会发展的需要和个人发展的志向，对自己未来的发展道路做出一种预先的策划和设计。"知己知彼，百战不殆"，这句俗语道出了职业生涯规划的几个组成要素。人们通常认为生涯规划具有三大要素：知己、知彼、抉择（也有五要素之说，即知己、知彼、抉择、目标、行动）。"知己"，即自我认知与自我了解，体察自己的气质、性格、兴趣、能力和局限。"知彼"，即熟悉周围的环境，探索外在的世界，了解我们在学业、职业、事业的发展过程中会遇到什么样的时代趋势、社会需求、政策资源以及可能遇到的困难和阻碍。"抉择"，是指在综合自身信息和外界信息的基础上，自己要做出判断和选择，制定适合自己的目标，采取及时的行动并持之以恒，最终获得成功。

著名生涯规划学者舒伯将人的生涯发展划分为成长（0—14岁）、探索（15—24岁）、建立（25—44岁）、维持（45—65岁）和衰退（65岁以上）五个阶段。而接受九年义务教育的中小学生正处于关键的、为人生奠基的成长阶段。该阶段的中小学生开始发展自我概念，开始以各种不同的方式来表达自己的需要，且经过对现实世界不断地尝试，修饰他自己的角色。

中国古语"凡事豫则立，不豫则废"和西方谚语"如果你不知道你要到哪儿去，那通常你哪儿也去不了"一样，都深刻揭示了生涯规划对于人生发展的重要意义。哈佛大学曾历时25年做过一个关于目标规划对人生影响的跟踪调查，对象是一群智力、学历、环境等各方面都差不多的人。调查结果发现，27%的人没有目标，60%的人有较模糊的目标，10%的人有清晰而短期的目标，只有3%的人有清晰而长期的目标。25年的跟踪结果显示：3%的人25年来都不曾更改过目标，他们朝着目标不懈努力，25年后他们几乎都成为社会各界的顶尖人士；10%的人生活在社会的中上层，短期目标不断被达成，生活状态稳步上升；60%的人几乎都生活在社会的中下层，他们能够安稳地生活与工作，但似乎都没什么特别的成就；27%的人几乎都生活在社会的最底层，25年来生活过得不如意，常常失业，靠社会救济，并常常报怨他人、报怨社会。调查表明，目标规划对人生有着巨大的导向性作用。成功在一开始，仅仅就是一个目标规划。你有什么样的目标规划，往往就会有什么样的成就，有什么样的人生。

国外一些发达国家很重视生涯规划教育，贯穿了小学、中学、大学各个阶段，有的还向下延伸到了幼儿园。比如：美国《国家职业发展指导方针》规定，从6岁开始开展职业指导和训练，要让孩子们学会对自己的兴趣、专长、特点、能力等进行"自我认识"；要进行"教育与职业关系的探索"；在孩子们上八年级时就要请专家给孩子们做职业兴趣分析；从上大学到工作的各个阶段，都要接受职业生涯指导。新加坡教育部推出ECG网络系统，也就是"教育与职业生涯规划"网络系统的试验计划，帮助小学生展开职业规划。笔者曾于2018年12月考察了欧洲的基础教育：在德国，小学阶段就实施系统的生涯规划教育，德国的孩子在四年的小学毕业后就分流到不同类型的中学（完全中学、实科中学、主体中学），开启未来的职业生涯发展方向。

近年来，生涯规划教育在我国越来越受到家长、学校、社会各界的关注，一些学校也开展了这方面的实践探究。但更多的是在高中及高中以上阶段才真正开展，而在中小学阶段实施生涯规划教育的成功案例屈指可数，甚至乏善可陈。就如何改进当前中小学生涯规划教育，我认为可以从以下三方面加以考量。

首先，应科学界定中小学生涯规划教育这一概念的内涵和外延。

对生涯规划教育概念的界定，既要克服对其外延泛化的理解，又要避免对其内涵狭隘的认识。比如：有一种观点认为，生涯规划教育从广义上理解，泛指学校所进行的以学生终生发展为目的的一切课程和教育活动。笔者认为这种认识就陷入了对概念外延泛化的理解的误区，个人认为任何专门的概念一旦被泛化理解就失去了其本身的意义和存在的价值。还有一种观点：生涯规划就是职业规划，即对职业生涯进行持续的系统的计划的过程。笔者认为这种认识就陷入了对概念内涵狭隘的认识——生涯规划围绕职业进行。前一种观点容易让人误以为既然学校的课程和教育活动以学生终生发展为服务，故而无须再搞什么生涯规划教育。而后一种观点则误导人们既然生涯规划必须围绕"职业"这个核心，那么在高中乃至大学再进行生涯规划教育岂不效果更佳。个人认为，这两种有失偏颇的思潮或许可以解释生涯规划教育在我国社会面临的两种不同的困境。

其次，处理好生涯规划教育的学科渗透与主题学习的关系。

据笔者观察，在国内许多地区生涯规划教育指导意见、许多学校的生涯规划教育实施方案都强调生涯教育与课堂教学相结合，非常注重学科渗透。诚然，学科渗透教育是我国中小学教育的一大特色，甚至可以说是一大亮点，如德育的学科渗透、心理健康教育的学科渗透、美育的学科渗透等等。学科渗透讲究契机、氛围、环境，更对执教者本身的素质有着较高的要求，因此必然带有一定的偶然性、随意性，难以成体系。而主题性学习指向明确、内容清晰，恰好能弥补学科渗透教育的短板。根据《中小学心理健康教育指导纲要（2012年修订）》等国家文件，再参考一些地区指导意见和一些学校的实施方案，笔者分年级梳理了以下生涯规划教育主题：

年级段	生涯规划教育主题
小学低年级	认识班级学校、了解生活环境、学习与人交往
小学中年级	培养兴趣爱好、了解不同行业、树立远大理想
小学高年级	发展兴趣特长、展望生涯图景、学习先进人物
初中	打好学业基础、开展社会实践、参与职业体验
高中	了解职业知识、形成职业能力、学做生涯规划

围绕以上生涯规划教育主题，可以开发校本课程、实施课题研究、举行专题讲座、开展社会实践等系统化、序列化主题学习，循环往复，不断提高，以有效弥补学科渗透教育的碎片化和不确定性。

最后，要做好学生生涯规划测评工作。

生涯规划教育与测评应紧密结合，测评可以帮助教育者准确理解学生的发展变化，帮助教育者改进工作，从而促进学生的发展、进步。没有测评的生涯规划教育首先会不被重视，最终会流于形式。笔者认为，从小学到中学的生涯规划教育都应开展测评，而这种测评至少应包含两个方面的意义：一是帮孩子往"好"的方向走——通过评价引导学生正确认识自己，认识社会，认识世界，逐步学会处理"我与内心，我与他人，我与世界"的关系，从而形成正确的人生观、价值观、世界观。二是帮孩子往"远"的方向走——帮助学生发现优势和不足，挖掘自身潜力，适时调整自身规划，寻找更大的发展前景，设计更好的发展路径。学校应给每一名学生从小建立成长档案袋，将学生生涯规划纳入学生综合素质评价。学生生涯规划的评价者既包含指导老师、家长，也应该包含学生自己。学生生涯规划应重视个体化的测评，真正做到"一生一档一策"。

面向未来挑战，如何在卓越与公平中权衡
——观《美国教育改革分析：中美比较的视角》报告心得

成都市双流区东升迎春小学　万志强

聆听了严文蕃教授的报告，为我打开一扇面向世界的窗户，让我对近40年来美国教育改革的情况有了清晰了解。严教授的学者思维尤其让我佩服，他站在中正的角度对比中美在教育改革方面的举措，不偏不倚，将问题留给我们自己去思考。严教授说教育改革是一个钟摆，在公平与卓越、选择与效益之间摇摆。听了严教授的讲座，我忍不住想，作为一所公立小学的校长，面对未来的挑战，我又将带领我的学校走向何方？

在我的就职演讲中，我对老师们说："我将与老师们一起努力，让这所新优质学校从优质走向卓越。"当时我想的是如何改革学校的课程，如何培养更多优秀老师，如何扩大学校的声誉……听了严教授的报告，我开始正视学校的生源问题。严教授的分析中指出，影响美国学生发展水平的最大因素是家庭背景，中国亦如此。要想学校迅速发展，首先应该思考如何减少学生家庭背景带来的负面影响。作为公立小学，我们不能选择我们的孩子，但是我们可以试着去改变他的家庭。我们成立了三级家委会，邀请家长参与学校事务；开始不断通过公众号投放家庭教育锦囊；成立SEL中心，对需要帮助的学生与家庭进行跟踪辅导；定期邀请家庭教育专家为家长们开展讲座。在学校层面，我们做了很多，但现在看来覆盖面还不够全面。要想每一朵迎春花绽放，我们得给每一朵迎春花一片肥沃的土壤。教育的公平，应该是尽可能补齐短板。我想，接下来学校的家长学校应该沉淀到每个班级中去，引导

每一个家庭重视孩子的教育,并为之付出行动。当家庭教育真正与学校教育形成合力,那该是多大的力量啊!

当家庭背景带来的负面影响降低后,我们再来思考学生的培养。严教授谈到美国开设了上百门课程导致效率低下,能力分班更是导致优生更优、差生更差。为了让学生全面发展,我国的许多学校都开设了更多元化的课程,开始试验走班制。选择一旦增多,就会面临效率降低的问题。我们应该从美国教育改革中吸取经验和教训,谨慎对待选课制,在肯定我国教育改革成效的基础上,思考兼顾选择与效益的学生培养方案。在对成都市双流区的"4+X"课程体系开展实践研究的过程中,我逐步明晰了未来学校学生培养的方向。国家课程是学生成长的基石,是学校课程体系的重要部分,不管时代如何变化,国家课程永远是我们需要夯实的内容。但为了适应时代变化,适应不同学生的需求,我们应该将国家课程校本化实施。如何高效地、巧妙地实施好国家课程,这是我们学校今后要继续深研的方向。立德方能树人,飞速发展的社会导致人心浮躁,良好的德育像一汪清泉,荡涤心灵。说教是最无趣的,一而再再而三地说教更是唐僧念经。所以,学校的德育不应当是零散的,也应形成立体的系统的课程,将德育融于活动当中,以孩子乐于接受的方式呈现。无论是国家课程校本化实施,还是德育活动的课程化,都是面向全体学生的基本课程。给孩子适合的教育,要帮助孩子发现适合的未来。双流区的课程体系建设里有个"X",代表着未知,代表着无限可能。在我到现在的学校之前,学校就已经开设了丰富多彩的社团活动,关注学生的个性化发展。前人已经种下树苗、长出枝叶,我这个后人肯定不能只是在此乘凉,我要让这棵树生命力更旺盛,成长得更茁壮。既然已经开设了这么多课程,那么这些课程的科学配比、质量管理,学生学习效果的评价,就是我今后努力的方向。

每一次聆听专家的讲座,都是一次思维的碰撞,总能引发我更多的思考。前面想到的这些,都是学校已经在做的,且做出一些成果,需要继续优化的方面。而严教授最后提到的线上学校,才是我们学校未来可能会遇到的新挑战。人们说,5G时代,是交互的时代,人与信息的交互将发生划时代的变革。人工智能交互、VR虚拟现实技术等的突破,会让线上教学更便捷、更有效，传统的教学方式会受到严重的冲击。假如我们不能预见未来时代的趋势，积极地了解新的理念，适应新的教育技术，变革我们的教育方式，势必会被潮流甩在身后。我们学校在智慧教育方面才开始起步，新型冠状病毒肺炎疫情期间，老师们总算开始体验线上教学。经过体验，我们都发现原来信息技术真的可以让学校管理与教学更便利。于是我们上下一心，决定开始重点发展学校的智慧教育。学校缺乏专业的技术人才，我们在这条路上的行进注定是充满荆棘的。但为了我们的孩子，为了我们共同的未来，我们必须斗志昂扬。作为校长，我想我能做的，就是先学习，更深入地去了解智慧教育，做好整体规划，然后亲自参与其中，给予老师们需要的支撑。

　　如何在卓越与公平中权衡？站在我的角度，对一所学校而言，我认为首先是看重公平。教育人的初心，不就是看着自己的每一个学生都能取得他应有的成就吗？不忘初心，方得始终。我得肯定我们已取得的成果，以前在生源比不上同区域的其他小学时，我们凭借踏实肯干的精神，科学高效的策略，培养出了一批批不弱于其他小学的学生，未来我们将继续如此。其次，我认为要尽可能地促成卓越。就好比我们要让所有的鸟儿都能飞起来，但是不会去限制它们只能飞一样高，我们可以给予适合的教育，适合的平台，让苍鹰、鸿鹄飞得高，飞得更远。教育需要与时俱进，但不能随波逐流；教育需要取长补短，但不能盲目跟从；教育创新改革，但不能妄自菲薄。面对未来挑战，希望我能有兼听之明，有兼覆之厚，踏踏实实走好每一步，营造充满活力的学校氛围，和老师们携手，办一所人民满意的卓越小学。

办"生至如归"的学校

成都列五中学　陈龙泉

2019年，我又一次荣幸聆听了美国麻省大学波士顿分校终身教授严文蕃在"文翁大讲堂"上的题为"美国教育改革分析：中美对比的视角"的专题演讲。严教授以美国教育改革方向为切入点，从国际和国内两个视角，深入剖析了中美教育面临的挑战，引发参会人员积极思考中国教育的未来。

我联想到几年前严教授在北京的另一场题为"今天的美国课堂到底什么样"演讲中说过的一句话："我这有个数据，调查我们学生到底爱不爱学校。我们从幼儿园开始一直到高中结束，一开始95%的学生喜欢我们的学校，但到了九年级的时候数据变成了37%。"这两个数据牢牢钉在我心上，至今不忘！

记得我们小时候最向往的就是学校，最亲近的就是老师，最珍惜的就是书本。开学时用牛皮纸将新书包好，生怕弄脏了，弄破了；看见老师毕恭毕敬，鞠躬点头。那时的学校十分简陋，竹篱茅舍。我的学校是一所残破不堪的庙宇，却充满活力，洋溢着欢歌笑语，丰富了我快乐的童年。在我们心中，学校就是最神圣的地方。这一切来自于父母、老师的教育，来自于学校校长开明的办学理念。

今天，学校条件已经不能同日而语，优美的校园环境，现代化的教学设施，可是学生为什么闷闷不乐，就是不喜欢学校呢？我们的学校究竟出现了什么问题？

前几年，在某所名校观摩时，我曾经听一个学生抱怨说："谁愿意被关在一处没有歌声，没有欢笑的地方，天天接受老师'填鸭式'的教学，当'解题机器呢'？"我当时感到很吃惊，因为这是一所人人仰慕的名校啊！

当我面对幼稚而显得老成的面孔和这所气氛沉闷的名校时，我想：难道是这所学校出问题了吗？不是。环顾其他学校都如出一辙，学校价值追求的趋同化，必然导致办学模式的"同质化"。我们的教育究竟出了什么问题？与美国教育的多元化、个性化相比较，我们的做法确实值得深刻反省。

从学校教育规律看，我认为教育就是发现和塑造。学校首先要让学生展露可塑性——潜质，给学生提供一个和谐的人际关系、丰富的活动空间、多元的成长舞台，让他们学起来，动起来，笑起来，唱起来，回归青少年的天性，在此过程中发现学生不同的潜质。其次是顺应学生个性，帮助做好生涯发展规划，促进他们的个性化发展。这就是"以人为本"的人本主义教育。不能把学校搞成人才工厂，用工业化思维，成批量制造人才产品。这就是"钱学森之问"——当代教育培育不出大家的原因。因为锋锐的"创造能力"被这种教育钝化了。教育犹如树木，尊重树木本性，才能形成森林；而不能像园丁艺花般，一味追求整齐，或者按自己的想法改变植物本性，造成龚自珍笔下"江南之梅皆病"的结局。

我非常喜欢孔子的两句话，一是有教无类，二是因材施教，他道出了教育的本质。"有教无类"是人人都有进学校接受教育的权利，人人都有快乐成长的权利，无论贤愚，不问出身，都是国家未来的建设者。因此，我们反对"得天下英才而教之"的功利教育，这是教育不公平的原因。"因材施教"的前提是人人都有才，人人都是人才，尊重顺应并施予教化而塑造之。这才是真正的教育，这才是一个校长应该抱持科学文明的教育理念。

我国《教育规划纲要》提出，坚持以人为本、全面实施素质教育是教育改革发展的战略主题，是贯彻党的教育方针的时代要求。其核心是解决好培养什么人、怎样培养人的重大问题，重点是面向全体学生、促进学生全面发展。实现途径是"三个坚持"：坚持教育以人为本，全面贯彻党的教育方针，坚持教育为社会主义现代化建设服务、为人民服务，把立德树人作为教育的根本任务，培养德智体美全面发展的社会主义建设者和接班人。要实施以人为本的素质教育，办人民满意的教育，学校就必须办成学生喜欢、家长放心的学校。

听了严教授的报告后，我想借"宾至如归"这个成语，把我们所有的学校都办成"生至如归"的学校。

《美国教育改革分析：中美比较的视角》的启示

成都市锦江实验学校　刘晓霞

今天有幸聆听了严文蕃教授《美国教育改革分析：中美比较的视角》的演讲。在这次的演讲中，严老师提到中国学生在国际考试上比美国强，甚至也比其他国家的成绩好。这里可以看到，我们中小学生的"基础"远比美国中小学生的"基础"好。证据之一，就是我们中小学生在各种国际性的学科竞赛中获得佳绩无数，普遍比美国学生好。由此，很多人得出结论：中国的基础教育质量在总体上比美国好。

这次培训中我了解到美国中小学的课堂教学不会特别关注知识的难度和数量，很多时候，知识教学在美国中小学教学目标体系中并不是一个重要的话语体系，它在某种程度上只是一种手段，一种促进思维和能力发展的载体。所以，美国中小学的知识教学不主张给学生标准答案，有时甚至还会给出一些错误的答案让学生去猜测、去论证，只要在学习的过程中思维得到锻炼就算达到了目的。我们的教学中，学生尽管在直奔目标的过程中掌握了知识，但是缩短了快乐体验的过程和探究的过程。而如果以能力发展为目标，课堂教学的节奏可能会很慢，但却能够充满快乐、充满互动、充满探究。

在这里我就想到在教学中的问题设计，围绕好奇、探究、兴趣、质疑来进行课堂问题设计。

一、问题设计要能激发学生探究的兴趣

兴趣是学好语文的基础。孔子说"知之者不如好之者",讲的就是这个道理。学习的最好刺激,是对学习材料的兴趣。教师如果能使学生对所学的知识产生迫切的需要,应让兴趣作为主导,把"要我学"变成"我要学",让学习的效率有所提高,把学习的主动性和积极性充分地调动起来。

二、因材施教,问题的设计要难易适中

"一切为了每一位学生的发展"是我的教育宗旨和理念。学生是人,学生也是发展的人,这就意味着学生还是一个不成熟的人,是一个正在成长的人。学生之间也存在着很大的差异,我们要尊重这种差异,从学生实际年龄、心理、兴趣、爱好、认知等方面出发,进行分层设计问题,关注他们的不同差异,明确各自的目标,给他们制造一个机会,让孩子在机会中锻炼自己。比如在《一枚金币》的教学中,我在这节课中面对两个特殊儿童不同的情况进行不同的处理,两个孩子的目标不一样,学习内容就不一样。课堂中,我为他们设计的环节不一样,同时设计的问题难度也不同。让他们在课堂上有成绩感,并且让他们在课堂上思考,让他们探索。所以问题的设计就不能太简单,也不能太难,要让学生在自身的基础上,经过思考、努力、交流合作,解决问题。学生通过自己的努力,解决了问题,激发了他们探究、解决问题的积极性。特别是对那些学习差的学生,还能增强他们学习的信心。

三、给学生足够的探究空间

学生对事物的认识还不成熟、不全面,但思维活跃,教师在设计问题时,必须考虑到给学生足够的探究空间,让学生发散思维、活跃思维,以便客观全面地认识问题、解决问题。比如设计《一枚金币》的问题:父亲想让

儿子明白什么道理？特殊学生回答不上来，那我就让其他孩子思考并回答问题，让特殊孩子在听了别人的答案后再思考回答。这样进行两次，第三次就回答出来了，孩子特别高兴。这就是教师给孩子留下足够的时间和空间来思考，相信孩子一定会朝着自己的方向发展。

四、培养学生的问题意识

问题意识是指学生在认知活动中意识到一些难以解决的、疑虑的实际问题或理论问题时产生的一种怀疑、困惑、研究的心理状态。问题意识在学生的认识中占主要位置。我们常说聪明的孩子会提出有用的问题，在教学中能够问到重点，所以我们也常说提出一个好的问题比解决一个问题更加重要。所以我们要培养他们的问题意识，让学生主动提出问题，同时要会问问题，让他们在学中问，问中学。教学中，我们不仅要学生解决问题，还要教给学生质疑的方法，培养学生的问题意识。比如：在教学《乌鸦喝水》一文中，我这样设计教学：请大家以小组为单位，读课文，边读边想，再进行讨论，猜一猜，今天老师要给大家提哪些问题？讨论时注意老师会在哪里提问题？如果老师在这里提问题，又该怎样回答？这样的设计，让学生在解决老师提出问题的同时，通过合作交流，又主动地发现问题、提出问题、分析问题，最终解决问题。在这一过程中，学生的问题意识逐渐形成。

当然，我们在借鉴其他国家的时候必须把握其本质，否则，当我们随他们的钟摆摆到同一端的时候，也许它已经开始向另外一端摆动。所以我们在学习的同时，千万不能丢掉我们好的东西！

教育将走向哪里

——观严文蕃教授谈比较中美教育改革有感

成都市天涯石小学　陈慕容

改革开放以后，越来越多的中国人走出国门，向西方学习先进技术和经验。在很长一段时间，中国学生对世界名校（如哈佛大学、麻省理工学院、斯坦福大学等）充满向往。我们熟知的诺贝尔奖绝大多数获得者都是外国人，中国人寥寥无几。

为什么我们国家没有这么多的顶尖人才？

追根溯源，我们的教育模式和人家不同，我们培养出的人才不一样，一种培养知识型学生，另外一种培养能力型学生。从以往新闻媒体获得的信息来看，我以为美国的教育确实比我们好太多。美国的基础教育都是小班化教学，美国的学生能够自由选择自己感兴趣的科目进行学习，进入大学时可以同时申请几所大学的offer。其实，我也曾经期盼着我们的国家能像这样，让每一个孩子受到更多的关注，成长为能力为先、具有创新性的人才。

可是，这并不是美国教育的全貌。中国和美国现如今都是国际上备受瞩目的国家，两国的教育更是大家关注的焦点。国际学生评估（PISA）测试结果反映两国学生在阅读、数学、科学学科方面差异明显，美国作为世界强国，但是单从学生的测试水平来看，并没有达到世界前列。美国是一所移民国家，在美国，除了白种人之外，还有黄种人、黑种人。其中，非洲裔、美国本土印第安裔的学生的学习成绩平均水平低于白人。不同文化背景的学生，意味着来自不同家庭，他们有着文化、语言、宗教等的差异。对于教育者来说，这是一项非常大的挑战。

除此之外，美国的基础教育体系和我们国家也明显不同。美国基础教育中学四年学制，前面八年学生学习不划分阶段，和我们国家小学六年，初中三年，高中三年的学制不同。中学结束后，美国学生也要参加高考（SAT），这是一次统一的测试，其他统一考试因州、学校不同而不同。如果不是严教授的分享，我可能会一直以为统一考试在大部分国家应该是教育过程中必不可少的，而且是非常重要的环节。毕竟在中国，学生初中升高中，高中考大学都会经历统一考试，更不用说平常学校组织的多不胜数的年级统一考试。或许，这也就是为什么美国SAT分数不是最高的学生也能进最好的大学的原因。

我们国家的学生在一次又一次的考试中，反复练习，掌握考试技巧，在考试测试中取得高分。而美国的学生参加统一考试的次数少于我们，每周在校学习的时间也少于我们。这也就导致他们的学生在考试测试中的分数差异大，高分段的人数少。尽管我们国家的学生在测试中能取得高分，但美国学生所具备的创新性却是我们的学生想要拥有的。在知识测试方面，美国学生不如中国学生。可是，在能力方面，我们的学生的的确确赶不上美国学生。

"互相借鉴，弥补不足"，这也许是正在进行教育改革国家未来能走的一条道路。我们国家教育改革以来，我们也意识到我们的学生在能力方面的不足，我们改变以往的教学模式，鼓励学生多思考，多提问，多合作，以培养学生学科核心素养为目标，把知识教授的指向性不再简简单单指向分数，更多地是指向学生能力的习得和运用。美国政府也清楚了解他们的学生在测试方面是弱项，政府颁布了激发教师奖励的措施，对测试成绩水平高的学校给予更多的资金资助，等等。目前，美国国内一所学校学生学业成绩水平得到提高，但是由于美国政府管理体系，州政府的自由性较大，并非每个州的学生测试水平都有提高。

互相学习其他国家在教育上的优点，再结合本国国情，有针对性地进行教育改革，才能弥补本国教育的不足，才能让教育更好地为国家发展助力。期待在未来，我们国家的教育能够越来越好，我们国家的顶尖人才、创新人才越来越多！

面向未来挑战的教育改革

成都市田家炳中学 连 芹

为了能承继文脉,播种创新与智慧的种子,成都市教育局、成都市教育科学研究院请来了严文蕃教授。严教授结合自己多年对美国教育的相关研究成果,从选拔、培养、质量监控三个方面对比分析了中美教育各方面存在的差异,提出要理性认识国外教育改革的经验,开拓国际教育视野,进行分析批判借鉴等。整个听报告的过程中,让我印象最深刻的是严教授指出生涯教育是社会专业需要和职业需要的动态过程,要根据哪些职业对国家贡献最大,而去实现相应的价值。职业价值不能太功利,应把贡献价值放在第一位,生涯教育就是创造人类的价值。这一观点思想境界站得颇高,也引发了我的思考。作为一线教育者,我更应该利用好我的阵地,发挥我的作用,引领我的学生。

不同的年龄阶段,生涯规划教育的目标也不同。我认为小学阶段为生涯认知阶段,因此学生在这一阶段须知道周围的工作环境和其他广泛的职业知识,并了解自身与工作世界的关系。初中阶段为职业生涯探索阶段,学生在这个阶段有机会深入了解他们所知道的职业群,通过实习、参观、访问等各种方法获得具体切实的职业体验。高中阶段为职业生涯准备阶段,学生在这个阶段须学习职业领域的有关入门技能,具有从事技术性工作的能力,或具有进入专科教育的知识准备,使他们顺利进入工作世界。

严文蕃教授幽默风趣的语言、丰富形象的图片和实例、同与会人员的互动交流,让我们获益良多。也提醒着我,作为一名教师,不仅要关注学生的知识获得情况，更要重视学生的生涯规划教育，提高学生的生涯规划能力，主动参与到学生的生涯教育中去，让自己真正成为学生的"导师"。在当代多元化与一体化并存的社会背景下，东西方教育与文化正由传统分化走向新的融合。我们不能因循守旧，要不断改进，让学生与时俱进，更好地为学生的需求服务，更好地助力教学，促进学生长效有序发展。

我从事化学教育工作，而化学理论知识都是从生活实际中提取出来的。教师在教学中不应该割裂教学内容和生活实际之间的关系，可以让化学课堂教学与生涯规划教育有效结合。我们的课堂教学也将成为生涯教育的主阵地，并面向所有的学生，让每一个学生充分受益。这样学生生命活动就会更全面，就会逐步接近长远的人生目标。

创设化学情境，自制实验教学，增强学生对未知世界的吸引力，增加课堂的趣味性和视觉上的冲击力，更重要的是可以表现客观事物和各种化学现象，能在短时间内展示事物的化学知识的全过程，为学生提供大量而丰富的感性材料。甚至可以深入创设，自制化学产品，让学生学会如何创设自己的品牌，如何包装设计，如何设定营销策略等。这样的化学课堂突破了传统教学手段在时间、空间上的限制，能将传统教学手段不能表现的许多现象和过程进行形象而生动的模拟表现。它是传统教学手段的补充和延伸，两者协调配合，就能取得更好的教学效果，可极大激发学生的创新能力与跨学科的应用能力，且对自我兴趣引起足够的重视，才能满足素质教育的人才培养需要。

在教学过程中除了向学生渗透化学知识的研究方法和思想外，还应有意识地通过化学课堂教学让学生认识自己学习境况与将来职业世界，从总体自我概念指向学业的自我概念、自我功效感。化学课堂教学提供实际学习经验，促使学生有机会检验其暂时性生涯决定，并发展有效的学习能力和行为。化学课堂教学可以结合学科特点，学生学习了解自己和发展其能力，着重于认识自我。需要了解的自己的心理因素为：多元智力倾向、价值观取向、兴趣、人格特征等。学习生涯规划、实践和调整其生涯计划，着重于培养规划与努力实践理想的能力。因此，高中阶段是一个人生涯规划发展的重要阶段，从学生个体的成长和需要出发，我们需要通过生涯教育，提升学生的生涯规划意识和能力。

我们如何扎根本土，拥抱世界，培养具有中国灵魂的国际化人才，这是时代发展的大势所趋。而作为"一带一路"核心节点，长江经济带战略支点的成都，其教育也应是面向未来的教育。成都的教育工作者理应为学生的未来发展奠基，不断开阔学生的视野和格局。

分析 评判 借鉴

——美国教育改革分析：中美比较的视角

四川省直属机关东府幼儿园　文　晨

一、分析对中美教育的印象

在严文蕃老师针对中国和美国教育差异的大量数据综合分析下，我们不难看出，在大多数人眼中，中国教育向来是"应试教育"，用考试成绩衡量每一位学生，迫使学生变成应对考试而读书的存在，完美的成绩意味着完美人生的开始。全国统一高考，成为学生最主要也是最重要的任务。相对的，人们认为美国教育则反向行之。自由、开放、充满个性的环境下，学生能充分展示自我，能在教育中选择适合自己的道路，很少出现"复制粘贴"的学生。所以美国教育就比中国教育好。这是真的吗？答案肯定是"不"。

我们从无数篇有着横竖图表的PPT中清晰可见，各种数据走向告诉我们："我们向往的美国"正想方设法向中国教育看齐，同时中国也正在完善自己缺失的部分。所以没有绝对的好坏之分，只能从某些方面说明适合自己国家的教育才能算得上是真的"好教育"。

二、评判中美教育的差异

美国是一个用经济带动教育，用教育改变经济的国家。从基础教育到高等教育，其真实的状况是：富人受到好的教育，穷人只能接受一般或者更次的教育。在投入经费方面，高等教育远超基础教育，培育出来的学生两极化严重。中国则是有着成熟九年义务教育的国家，我们的教育不是针对部分人群，而是面向全社会，为的是提高全民文化素养和知识水平，让更多的孩子有更多可能。

在一次访谈中，杨振宁这样说道："美国不太重视全面教育，注重的是学生的'创造力'和'个性'，美国人觉得要在孩子小的时候就要开始培养创造思维，所以美国的教育也一直被打上自由、个性、创新的标签。而中国则是系统性的全面教育，虽然会让一些偏科的学生很难受，但它却最大限度地保证了学生拥有全面的人文素养和对社会的正确认知。"正是这样的差异，出现了美国学生"低分高能"，而中国学生则"高分低能"的局面。

说到底，每个国家的教育区别在于国家之间的三个不同，即传统文化不同、国情不同、社会价值观不同。侧重点在哪里，教育就将往哪里发展。

三、借鉴适合自己的东西

我们需要在学习中产生自己的思考和判断，合理取舍、巧妙平衡，将最具价值和启发的东西为自己所用。

今日话题让我回忆起曾经读到过的书籍。"在本书中，我没有对所记录的这些美术课和美国的儿童美术教育过多地、抽象地发表评价和议论，而是尽可能具体、客观地描述美国课堂上老师和儿童之间互动的一举一动、一言一行，乃至一些细节，让读者仿佛身临其境般地体验，从中感受美国儿童美术教育的特点，并思考与国内儿童美术教育之间的差异。"这是顾菁在她2015年出版的《在美国幼儿上美术课》一书中提到的一句话。

她的书让我打开了一扇新世界的大门，足不出户便能眼观世界。

我接触到的大多数中国儿童美术教育是从教师出发，对照《3—6岁儿童学习与发展指南》中该年龄段儿童应该达到的美术技能做出相应的课程，中间不乏严苛的统一标准化现象。这个标准就是教师眼中"好孩子"应该有的样子。我们必须在这一节课中达到一个目标，学会一项技能，每个孩子都要跟上节奏。

| 分析　评判　借鉴 |

  书中美国儿童的美术教育则不同。教师充分考虑到孩子们的感受，尊重他们的每一个选择，多一份尊重，少一份威严。在一堂画画和做手工的活动中，孩子们在一定范围内默许自由发挥，教师不太注重技能技巧的训练以及一幅"成年人眼中"作品的完美。这正是我们需要向他们学习的地方。不是说一定"一模一样"搬抄过来，毕竟国内大多数幼儿园班额较大、人数众多，很难做到一对五的教育。我们能从中得到启发，改变目前困惑的地方。好比一个老生常谈的话题：家园互动。

  "没有家庭教育的学校和没有学校教育的家庭，都不可能完成培养人这样一个极其细微的任务。"在过去的概念里，家长总是把对幼儿的教育丢给幼儿老师，忽视了"幼儿园+家庭>2"的重要性。现在不同了，我们需要家园互动，共同助力于儿童健康发展。借鉴书中开篇第一章提到的美术助教，家长们通过自愿形式填报学校的家长志愿者义工，审核通过的助教老师将会在开学前一周的每天两小时时间里提前完成幼儿这学期的课程内容。助教的工作是在课前准备、课中个别辅导记忆、课后收拾。我们完全可以将此类活动融入自己的校本课程里，让家长也充分参与到孩子的教育中。一方面是让家长看到孩子们在学校里的学习状态和生活状态，了解学校教育的初衷；另一方面，是加深家园互动的关系，从根本上促进两者相互发展。

  好的教育不分国界，借鉴也是学习的一种，何不吸取更好的知识来丰富自己呢？

第四期

《我国基础教育70年的成就与政策》心得体会

成都市第一幼儿园　王　凤

9月20日，我有幸聆听了孙霄兵教授所作的《我国基础教育70年的成就与政策》的主题报告。

孙教授总结了70年基础教育改革发展的基本经验和政策启示：坚持中国特色社会主义的基础教育发展道路，国家制定统一规划，中央政府统一领导，各省、自治区、直辖市统筹实施，实行以公办学校办学为主的多元办学体制，实行学生统一入学接受教育的制度，注重教师的教育教学主导作用，加强国际交流等。最后明确提出了新时代基础教育改革发展的政策方向：办好人民满意的教育，全面实现教育的现代化；重点发展学前教育；开展更为广泛的社会合作；从普及优先到质量优先转向；全面加快推进教育信息化；强调群体个体并重发展。唐书记作大会总结，就如孙司长报告中说到的，中国的教育改革既有辉煌，也有艰难曲折，展望未来，使命光荣，责任重大！中国基础教育在党和政府的领导下，经过广大教育工作者和全国人民的共同努力，在艰难曲折中快速发展，在不懈奋斗中改革开放，基本构建起适应社会主义建设的现代基础教育体系，基本保障了广大人民群众基础教育的受教育权利，大幅提升了亿万人民的思想道德品质和文化科学技术素质，彻底改变了中国社会和中华民族的国民性格和精神面貌，充分显示我国社会主义制度的优越性和我国教育制度的先进性。

回顾过去，中国教育有以下三种情况：一是应试教育全面泛滥。从小学到大学，教育基本上是以相关知识的记忆和简单运用考试为核心来运转，既不考虑学生的学习能力，也不考虑学生的道德修养，更不考虑学生的多方面发展和创新能力。大学之前在应试，大学之后在应付，学得越高，应付得越容易，职称越高，应忖得越轻松。二是教育理念全面衰变。教育以学生为根本，但是现实情况是圈养。教学好坏的关键是教师，但是懂不懂教育的人都可以当老师。教学本来是教会学生如何学习，但现实中却变成题海战术和知识讲述。100个人对于教育的理解，有99个人认为教育就是上课，学习就是上课，上课就是把书本的知识讲一遍，学习就是做一堆的题。学生弄不明白的知识，教师就应该立刻讲解。三是学校教育与家庭、社会脱轨。学校教育的目的是为了培养学生的道德情操和增加学生的知识，让学生在以后走向社会的时候有能力立足。但是，目前很多学校的教育与家庭社会是完全脱轨的，学生在学校里只学到了知识而并没有真正能应用于实践之中。

立足现在，基础教育做到了以下三点：一是政策理念。应以学生发展为本，"培养德智体全面发展的建设者和接班人"。我国现行的义务教育课程计划的指导思想是"遵循教育要面向现代化、面向世界、面向未来的战略思想，贯彻国家的教育方针，坚持教育为社会主义建设服务，实行教育与生产劳动相结合。要对学生进行德育、智育、体育、美育和劳动教育，以全面提高义务教育质量"，同时"为社会主义建设培养各级各类人才奠定基础"。二是课程决策走向均衡化。参与素质教育的课程政策主体开始多元化，教师、家长和学生在课程决策中的地位也得到一定程度的提高。三是政策制定走向科学化，无论从政策的透明度、适切性、可行性和政策的延续性来看，我国的基础教育课程政策正在由"经验型"向"科学型"转变。

展望未来，让我们共同努力，共同期待中国教育能够引领时代，去实现"两个一百年"的奋斗目标，实现中华民族伟大复兴的中国梦。教育是国之大计，基础教育是提高国民素质，培养各级各类人才，实现教育强国的重要基石，是教育的重中之重。基础教育工作者要"不忘初心"。

"新教育公平"对教师提出新要求

成都石室中学 左 琪

背景：孙霄兵司长在2019年第四期"文翁大讲堂"上，作了"我国基础教育70年的成就与政策"的演讲，对中华人民共和国成立以来中国基础教育改革发展的历史进程、成就贡献、主要政策等内容做了详尽分析。其中，有关实现基础教育"公平优先导向"政策的部分，引发了我对于义务教育阶段"新教育公平"的一些思考。

一、"新教育公平"观

诚如孙司长所言："基础教育在所有的国家事业和教育事业当中，是重中之重……在基础教育之中，义务教育又是重中之重。"

随着九年制义务教育政策的推行，基础教育得到全面普及。从此，人人都享有教育公平的基本权利，人人都上得起学。此外，国家在各方面加大对教育资源的投入，尽可能实现教育区域、城乡等均衡发展。比如在义务教育阶段，国家予以政策和物质的切实支持：普遍建立助学金制度、连续下发农村教育经费、解决留守儿童入学公平难题……因此，改革开放以来，我国义务教育在实践层面逐见成效，但仍然存在许多教育不公平现象，使得义务教育公平问题成为研究热点。

法律保障义务教育阶段受教育者的绝对权利，国家给义务教育提供资源配置等外部条件保障……这些被广泛关注并讨论的，都是属于宏观层面的"教育公平"，是存在于教育起点的公平。然而，义务教育公平，并不只是义务教育机会均等、资源分配和享用占有均等、受义务教育基本权利的平等。

常常被我们忽略的义务教育公平，还有存在于微观层面的过程公平，即要求教师在教育活动中公平地对待和评价每个教育对象。于是有了"新教育公平"观的提出。

作为一种新的教育公平观，"新教育公平"呼唤以"人"为核心，指出教育公平要从起点走向过程，更关注以人为本。

二、过程公平中教师的公平对待

克拉科教授认为义务教育公平有三个原则：教育机会平等原则、能力差异原则、弱势补偿原则。

我所带的初中孩子们，通过大摇号的形式，被随机摇进校园。自然，几十个孩子组成的初中班级，也存在着各种差异性。从教育起点来看，每个孩子都享有占有课堂资源的机会，但这种形式上平等的美好外衣下，往往潜藏着学生个人能力的差异，或者家庭资源的差异，能力强、资源优的学生往往更具有机会占有度。如果教师在教育过程中机械地进行标准化平等对待，最终实现的教育结果必然是能力或者优势资源至上，而这种结果公平，在"新教育公平"中并不是真正的教育公平。

在义务教育阶段，"新教育公平"要求教师对差异性群体进行积极关怀，充分理解民族、性别、文化程度、阶层等因素造就的不同学情，平等尊重每一个学生，决不允许歧视；同时，在帮助学生克服家庭所带来的学习能力障碍中，教师要对资源不利的学生保持一定的"差别性"对待，以实现微观层面的弱势补偿。

比如，我们班的小A同学，在人际交往和个人情绪控制上存在一定的难度。我在跟家长及时沟通后了解到，小A曾诊断出自闭症。此种情况下，我便对他格外留意与关照。从教书育人的职责来看，我必须接受学生的任何一种可能性；从教育伦理层面而言，我必须发自内心地尊重他。于是，我跟小A有了更多的私下交流，这些交流往往是重复性地教他如何与同学相处。面对他的常常撒谎，我揭露批评以后，务必要多一些耐心教导他分辨是非。此外，更重要的是，及时打消同学们排斥并边缘化小A的行为。还有我们班的小B同学，他的基础比较薄弱，但是行为习惯特别好。我喜欢表扬和鼓励他，同时在基础知识的巩固方面，我选择单独给他布置一些基础训练任务，并在课堂抽查，保持他的紧张感，也使他感受到被关注。渐渐地，他的基础居然有了明显进步。

类似的例子不胜枚举。身为教育工作者，除了以一颗关怀之心包容学生，更要在从事教育工作的过程中，培养一颗社会公正之心，并常常审视自己、反思自己，是否在改变学生命运的同时，也让他们在教育公平中懂得了什么是社会公正。

中华人民共和国成立至今，历届国家领导人都把推进教育公平作为教育工作重点；新世纪以来，国家把促进教育公平列为国家基本教育政策；党的十九大报告明确提出，要推进教育公平。

教育是民族振兴的基石，教育公平是社会公平的重要基础。教师主动拥抱并践行新教育公平观，才是顺应时代内涵的行为。

今天，我们做新时代基础教育的践行者
——听孙霄兵《我国基础教育70年的成就与政策》有感

成都市中和中学　杨　娜

作为一名85后的高中教师，当我初次听到报告题目《我国基础教育70年的成就与政策》时，内心是非常有距离感的。第一是感觉70年跨度太大，第二是"基础教育"这个话题确实太宏观和抽象，仿佛距离我所任教的学科——高中化学太遥远。但当年过花甲的孙霄兵老师将对新中国基础教育70年的历史与展望娓娓道来时，我之前的距离感慢慢消失，觉得这一切都与自己息息相关。我心潮澎湃，思绪良多。教育是薪火相传的事业，作为一名青年党员教师，我深感自己有责任和使命扛起促进和发展基础教育这面大旗，在学科教学和育人中，应该积极探索，锐意创新，在三尺讲台上贡献自己的年华和心血。

回顾近代中国历史，我们饱经沧桑，备受欺凌。究其原因，除了政府软弱无能、制度腐朽落后外，还跟当时国民受教育程度低，普遍愚昧、无知、冷漠等有关。中华人民共和国成立初期，我国的文盲率在80%以上。中华人民共和国成立70年，基础教育的发展虽艰难曲折，但依然取得了辉煌壮丽的成果。据统计，2020年，我国15—50岁国民的文盲率在2%以下。而这一切成果的取得离不开几代党和国家领导人的付出。这让我想起20世纪90年代时任国务院副总理李岚清的故事。当时分管教育的李总理为了提高地方政府对义务教育阶段的重视和财政投入，每年8月都会用毛笔给各个省的省委书记写亲笔信。想到这，我的鼻子一酸，眼眶湿润起来。我想，或许正是因为党和国家领导人的亲自关怀，让出生在四川东部山区的自己能够在20世纪90年代接受优质的基础教育。

在党的十九大报告中,习近平总书记指出:"两个一百年"奋斗目标的实现、中华民族伟大复兴中国梦的实现,归根到底靠人才、靠教育。我想,作为改革开放后出生的孩子,我们沐浴着基础教育改革和发展的春风长大,更应心怀感恩,回馈到基础教育的事业中去。

孙老师的报告中指出,新时代基础教育发展应该从普及优先到质量优先,着力提高教师总体素质,优化中、高考改革方案;同时推进教育信息化,着力高中分层教学、走班制、学分制、导师制的探索。从2012年开始工作到今年,我已经有8年的教龄。作为一名高中化学老师,我一直认为我的首要任务是让班上的孩子化学上高线,考高分。而我们的"法宝"当然就是做题。可是最近两年我慢慢发现,我的这些想法、做法已经"落伍"。通过深入研究全国高考真题,我开始深刻感受到高考化学对学生核心素养的考查。我迫切地意识到自己应该主动充电、学习、改变,以适应新高考改革的要求。

如果说高考化学是学生高中三年化学教学的"终极目标",那么在这条路上我可以驻足反思的、重新设计的有很多。第一,随着教育信息化的发展,人工智能和大数据等新技术势必会成为教育发展的热点,我们可以积极适应和学习新技术,借助大数据平台,掌握学生的学习状态,使自己的课堂教学更加具有针对性,从而提高课堂效能。从学生的角度来说,我们也能够根据他们的认知特征、优势短板等,提供更为精准的学习方案。简单地说,就是老师讲得更有效,学生练得更有效。学生作业少了,任务轻了,学习的兴趣自然就提高了。第二,学会读懂学生,强化课堂设计,关注核心素养,为学生的幸福一生奠定基础。在研究近年来的高考题时,我发现有些题真不是练出来的,素质教育和应试教育也不是矛盾和对立的。我想当我的课堂设计目标真正围绕着知识与技能、过程与方法、情感态度与价值观时,当我的课程目标真正关注了学生宏观辨识与微观探析、变化观念与平衡思想、证据推理与模型认知、科学探究与创新意识、科学态度与社会责任时,我的"终极目标"肯定会自然而然达到。

立足当下,我们正处于一个最好的时代,它充满机会和挑战,呼唤基础教育的改革和发展。身为青年党员教师,我更应该坚定理想信念,做新时代基础教育的践行者!

看《我国基础教育 70 年的成就与政策》有感

四川省直属机关东府幼儿园　任南洋

改革开放以来，社会进步、时代发展，我们国家的教育事业也在不断地发展进步，教育理念在不断地更新。当我观看了孙霄兵老师的《我国基础教育70年的成就与政策》讲座后，更加深刻地认识到，我们不断更新拓展的学习理念在不同的时代发展中有着不一样的意义。学习中，我聆听了老师关于基础教育的报告，从基础教育的发展史，到现下我们国家的大政方针政策下对于基础教育的改革以及基础教育的未来发展趋势，都能很好地唤醒老师对于教育、对于基础教育的热情与信心。作为幼儿园教师，更应该将这些知识内化为我的教学行为，以便更好地指引我走向教学成功的彼岸。

幼儿教育是否属于基础教育？我们和中小学老师一样吗？孙老师在讲座中提到，幼儿教育是国民教育的基础阶段，国家也为幼儿教育制定了专门的法律，幼儿园并非培训机构，而是基础教育的学校，是为小学教育输送人才的地方。新中国成立以来我国基础教育的发展可以分为三段：第一阶段是"文化大革命"前期，这一时期属于基础教育的奠基阶段，是在旧中国的文化教育的基础上发展起来的；第二阶段是"文化大革命"阶段，这一阶段属于基础教育的困难时期，这一时期，我国的基础教育受到一定影响；第三阶段则是改革开放距今，这一时期我国的基础教育事业蓬勃发展。一部教育史，就是一个国家振兴发展的历史写照。70多年来，我国国民教育底子薄、基础弱的面貌彻底改变，基础教育功不可没。70年来，我国基础教育始终与时代发展的大潮同行，为人类教育凝练了中国经验，发出了中国声音。听孙老师讲述基础教育的发展，我收获满满。我想说的是，基础教育的发展，对于幼儿教育，对于我们幼儿园教师，也有着非常重要的影响。

看《我国基础教育70年的成就与政策》有感

通过学习视频,增强了我的感悟能力,使我对基础教育有了更深的认识和理解。

教育作为一个国家的基础,能从根本上改变人的精神面貌。自中华人民共和国成立始,我国就加大了对基础建设的投入,使得人们的认知水平普遍提高。在贫困边远山区,人们通过基础教育改善生活水平,提升生活质量,这一切都离不开党和国家对基础教育的重视。幼儿教育作为国民教育的基础阶段,在国家的扶持下,走得更远,做得更好。

很多人认为幼儿教育阶段,孩子可以脱离集体生活,家长可以自己提供一定的教育。而我认为,学校不仅可以传授知识,同时,学校也是一个小型社会,孩子们应从小接受集体教育。中国是一个人口大国,社会、集体这些概念会伴随孩子一生。我们的孩子应从小学会如何在集体中生活,在集体中接受教育,与伙伴沟通交往,与老师沟通交往。只有这样,才能真正发展成为一个德智体美劳全面发展的人。

基础教育应该开展更为广泛的社会合作,主动与社会各部门联系。我们生活在集体中,幼儿是祖国未来的希望,我们的社区、家庭都应该为幼儿的发展提供一些有效的、可行的帮助,为幼儿提供一定的社会体验。幼儿园强调家园共育,我认为这里的"家"和"园"不仅仅只代表了幼儿园和家庭,还应该有社会的帮助。

在基础教育阶段,老师作为孩子知识的重要传播者、讲授者,其政治素养、人生态度以及人生价值观,都会对孩子们产生一定的影响。在幼儿园,小朋友的是非观还不够完善,会模仿老师的行为。所以,老师要非常重视自己的师德素养、言行举止。所以,在今后的基础教育中,应该不断提高教师的素质,要立德树人,成为孩子们的优秀榜样。

我们一直说教师是教育的主导者,孩子处于教育的主体地位。作为新时代的教师,我们不能一味追求成绩,更应该尊重孩子们的个性,鼓励孩子们的个性发展,尊重他们的个人选择,关注每一位幼儿的不同特点和个体差异,发掘每一位孩子的优势和潜能。

这次的教育培训为我点亮了前进的灯塔,照亮了前进的方向。听了老师的讲座,让我有了更新的认识。作为一名年轻的幼儿教师,不仅要踏实认真、埋头苦干,还应该把握时事,用科学的方法进行教育教学。

《我国基础教育 70 年的成就与政策》之心得体会

成都市第一幼儿园　顾　贞

文翁化蜀，承继文脉。非常荣幸能够听取"文翁大讲堂"第四期《我国基础教育70年的成就与政策》专题报告会。此次报告会邀请到国家督学、教育部政策法规司原司长、北京外国语大学国际教育研究院教授、华中师范大学兼职教授、博士生导师、贵州师范大学教育政策与法律研究中心兼职教授孙霄兵作主题报告。

中国基础教育在党和政府的领导下，经过广大教育工作者和全国人民的共同努力，在艰难曲折中快速发展，在不懈奋斗中改革开放，基本构建起适应社会主义建设的现代基础教育体系。孙司长首先指出70年来中国基础教育改革发展的历史进程和成就贡献：中华人民共和国成立以来，基本保障了广大人民群众基础教育的受教育权利，大幅提升了亿万人民的思想道德品质和文化科学技术素质，彻底改变了中国社会和中华民族的国民性格和精神面貌，充分显示了我国社会主义制度的优越性和我国教育制度的先进性，取得了空前伟大的历史性成就，为社会主义现代化建设全局和中华民族伟大复兴奠定了坚实的文明基础和持续的发展动力，功在当代，恩被后人，德惠千秋，灿烂光辉永远彪炳于共和国史册，是世界历史上任何一个国度和时代都不能与之比拟的。然而，中国基础教育70年的发展历程，既有辉煌壮丽，亦有艰难曲折。70年中国基础教育的主要政策：全面普及，重点发展，突出强调学生的全面发展，法治保障日益增强，教学改革不断探索创新。

回顾过去，正如孙司长报告中说到的，既有辉煌，也有艰难曲折，展望未来，培养人才、实现教育强国的重要基石，是教育的重中之重。基础教育工作者要"不忘初心"。让我们共同努力，不忘初心。

《我国基础教育70年的成就与政策》之心得体会

学前教育作为终身教育的开端,是教育体系的重要组成部分。作为一名青年幼教工作者,虽然我的教龄只有短短几年,但是我不仅仅从工作上对于基础教育的改变感受较深,还从我个人的成长感受到中国基础教育的变化,尤其是我现在所在的专业——学前教育。记得我小时候所经历的基础教育,学前教育就是所有孩子送到幼儿园玩,一名老师需要照看30名甚至更多的幼儿。教育教学设施也比较匮乏。而小学初中生活就是应试教育,借用以前学生之间还会流传的一句话:"考、考、考,老师的法宝,分、分、分,学生的命根。"而如今的基础教育,教育设施越发科学先进,师资力量越发强大,不仅保障了孩子的个性发展,同时也促进了孩子的全面发展。在我们的日常工作中,对孩子爱心的体现无所不在。帮孩子系好带子、穿好衣服、盖好被子是爱心;尊重孩子、信任孩子、鼓励孩子也是爱心。爱心是重要的,有了爱心,我们就会在日常的保教工作中全身心地投入,把这种博大而宽宏的爱心不断地转换成日常保教活动的耐心、责任心。从有利于孩子心理和生理健康成长的角度出发,不断加强自身幼教专业素质的提高,精心设计好每一个教学活动计划,让孩子在幼儿园健康快乐地成长。

"教育技巧的全部奥妙,也就在于如何爱护孩子。"给孩子爱心,他就会认可你;给孩子爱心,他就会亲近你;给孩子爱心,他就会喜欢你;给孩子爱心,他就会感到幼儿园如家一般温暖;给孩子爱心,他就会在学习和生活中去关爱别人。请不要吝惜我们的爱心,让我们在幼教岗位上全方位地奉献出我们的爱心,让孩子在爱的海洋里不断茁壮成长。

基础教育的发展,离不开教师自身的发展。一名优秀的教师,不仅要管理好班级,有一颗爱孩子的心,还要有扎扎实实的业务水平和潜力。为了提高自身素质,在工作之余,我经常翻阅幼教方面的书籍,看到好的信息及时摘录下来,不断为自己充电。同时利用网络资源,不断揣摩名师的课堂,领略她们的风采。并能大胆尝试新教法,用心参加组内的教研活动,努力坚持改革创新,使自己在授课水平上不断进步与提高。在工作中,坚持做到爱与严格并存。树立正确的教育观,以身作则,不断地完善在孩子心目中的形象,让我们的距离更近。

让我们共同努力,共同期待中国教育能够引领时代,去实现"两个一百年"的奋斗目标,为实现中华民族伟大复兴的中国梦贡献自己的力量。

守"双基",谋创新

——听讲座《我国基础教育70年的成就与政策》有感

成都市树德小学 何 娟

我有幸在成都市教师继续教育网站上收看了2019年"文翁大讲堂",并对孙霄兵老师的讲座《我国基础教育70年的成就与政策》颇有感触。

以小学数学教学的发展为例,自中华人民共和国成立以来,经历了无数风雨、跌宕起伏,连名字都从"小学算术教学"改成了"小学数学教学"。小学数学教学对学生能力的培养目标变得更加多元,从只重视对学生计算能力的培养,拓展为对学生计算、推理、空间想象能力、应用意识和创新意识的综合培养。

中华人民共和国成立初期,百废待兴,小学数学教材几乎照搬前苏联教材,脱离我国实际情况,小学算术水平明显降低。自1958年"大跃进"开始,各地自编教材,甚至将部分知识点有意拔高,最终适得其反。吸取经验教训后,1963年颁布了《全日制小学算术教学大纲(草案)》,强调基础知识和基本技能的训练,提出了对计算能力、推理能力和空间想象能力的要求,教学效果有了一定的提高。但1966年"文化大革命"开始后,却将前面的成果全盘否定,教育工作被恶意破坏,教学效果明显下降。"文化大革命"过后,国家大力抓教材,先后出台了《全日制小学数学教学大纲(试行草案)》和《全日制小学数学教学大纲》,推动了我国小学数学教学的发展,有效提高了教学水平和研究水平。进入新世纪后,开启了课程改革,于2001年颁布了《全日制义务教育数学课程标准(实验稿)》,虽然重视培养学生的问题解决能力，但忽视了前人的经验，效果并不理想。吸纳了广大教师的建议后，由东北师范大学史宁中教授带领的团队研制出了《义务教学数学课程标准（2011年版）》（以下简称"《课标》"），教学效果再次提升。目前，教育部组织专家对最新的课程标准进行修订，小学数学教学在不断向前发展。

"以史为鉴，可以知兴替。"回顾历史，是为了让我们借鉴以往的经验，为今后的教学指明前进的方向。从小学数学教学的发展历史中可以看到，只有重视了"双基"的培养，教学质量才可能提高。我国数学基础教育在世界范围内处于领先地位，也是因为教师们牢牢地抓住了双基教学。有学者对双基教学进行了理论层面的研究，得出了记忆通向理解、速度赢得效率、严谨形成理性、重复依靠变式四个结论。张奠宙教授更是明确地指出：没有基础的创新是空想，没有创新的基础是傻练，要在双基的基础上谋求学生的发展。所以《课标》将"双基"扩充为"四基"，就是要在培养学生数学基础知识、基本技能的同时，培养学生的数学基本思想和数学基本活动经验。其中，数学基本思想主要包括抽象、推理和模型。具体体现在数感、符号意识、空间观念、几何直观、数据分析观念、运算能力、推理能力和模型思想八个方面。数学基本活动经验则更强调学生的数学学习需要通过自身活动完成，其中包括动手操作和脑力劳动，所有的数学知识都应该以"做中学"的形式得到内化。

作为一线教师，除了要将《课标》、教材研究透彻、理解清楚，还应在课堂中将其积极实践。为了提高学生的口算技能，我几乎每节数学课的前三分钟，都会给学生出八道听算练习；为了提高学生解决问题的能力，我曾尝试每天给学生们发一道"每日一题"作为思考题，最后由学生讲解；为了培养学生的空间观念，认清东、南、西、北四个方向，我曾在数学课上带学生到操场辨别方向，喊着口令，玩着游戏，活脱脱一种上体育课的感觉……

虽然自己的一些尝试，在小学数学教学发展史中显得微不足道，但是，我依然愿意在这平凡的岗位上坚守一份初心，只为在小学数学教育中立德树人，夯实基础，发展思维，用自己微薄的力量，捍卫中国基础教育70年来的宝贵经验和研究成果。

第五期

支教回声

成都市中和中学　成都高新区（简阳市）援藏工作队　何　锋

2019年"文翁大讲堂"第五期"用真心援藏，用真情答卷"援藏主题报告会令现场的教育同人感动不已。透过屏幕，我更是心潮澎湃，因为我也是一名援藏工作者，至今仍在甘孜州德格县和同行的22位援藏教师一道开展援藏支教工作。四位分享者讲述的援藏故事，何尝不是所有援藏工作者在当地挥洒青春热血的真实写照，听来感触颇多。我们曾经跨过山和大海，也穿过人山人海，跋山涉水，只为看那格桑花海。在那里，我们不止于见证者，我们更是建设者。我们不辱使命，聚力脱贫攻坚；我们不惧风雪，携手耕耘杏坛。

——题记

做好新形势下教育扶贫协作和对口支援工作，是如期打赢全面脱贫攻坚战、实现"第一个百年"目标的必然要求。从成都平原到青藏高原，近4000米的海拔差，1000千米的距离，一群来自成都高新区的教育工作者，离开至亲好友，离开熟悉的学校和学生，肩负使命，满怀激情，来到善地德格，开启了一段特殊的教育之旅。1.2万平方千米的善地德格，我们践行教育理想，探寻生命的真谛，演绎各自精彩的援藏故事。

因为离开，增加了无数的想念。之于父母，之于妻儿，之于恋人，之于学生，之于出现在生命历程中的过往。有人新婚燕尔，有人初为人父，有人无法尽孝，有人难享天伦之乐，只为那远方的召唤。在工作之余，在夜阑人静之时，视频交流便是最好的心灵调味剂。

就在转身的那一刻，每一位援藏支教教师身上便又多了一份牵挂，虽然有无尽的不舍，但因为当初的那份承诺，我们走得不近人情，走得义无反顾。转身之后，增加了相隔的距离，但缩短了心与心的距离。满含的泪水终于落了地，或许只有流过泪的人知道。

因为坚守，丰富了生命的内涵。之于自己，之于援友，之于学子，之于同人，之于当下无数人为之努力的方向，负笈而行。与爱同行的人，永远不会是一个人在战斗，数千千米的送培送教路上，我们结伴而行，风雪愈狂，步履愈坚，只为那格桑花更艳。

在那里，那徜徉在云端的自由，是因为离天际近了很多才感受得到；那一双双眸子纯净如新路海，是因为对大山之外的世界充满了探知的渴望；那一朵朵格桑花娇艳欲滴，是因为藏汉民众不舍昼夜辛勤地浇灌。教育本就平凡，但每一位教育工作者的坚守必将书写其伟大。

因为专业，助推的不仅仅是成长。之于课堂，之于学子，之于同行，之于家长，之于那无数双渴望的眼睛。身兼数职是我们的常态，学科融合不止于纸上。传帮带，我们一直都是认真的。

在云端的学校，久违的歌声响了起来，闲置的篮球拍了起来，尘土布满的多媒体亮了起来，各式的教学仪器用了起来，只因为我们的到来。我们或是讲师、或是评委、或是巡考、或是游戏的参与者、或是活动的组织者……时间久了，我们的肤色已然与康巴汉子无异，我们的歌声更是欢快无比，我们所跳的锅庄已是潇洒自如。

因为感动，收获到的不只是幸福。之于亲友的理解配合，之于援藏教师自我的不断成长，之于领导同人的关心支持，之于那带不走的教师队伍用心用情的帮助，之于那一张张如格桑花灿烂的笑脸，之于神州大地通力"脱贫攻坚"伟大战役的回响。夜阑人静，电话中常常会传来亲友说一切安好的声音。工作中，常常有领导同人的鼓励支持，善地教育同人的声声关切，孩子们一遍遍鞠躬问好，祖国各地频传捷报。

我们带着"脱贫攻坚"的使命在善地德格书写着新时代教育新篇章。在这个伟大的时代，所有的援藏人与这个时代同频共振，为脱贫攻坚、为祖国伟大复兴砥砺前行。成都高新教育人更是以舍我其谁的魄力，以"功成不必在我，功成必定有我"的决心，以缺氧不缺精神的援藏精神谱写着"脱贫攻坚，教育先行"的华章。

用青春奋斗书写使命担当

——听"成都市优秀援藏干部人才事迹教育专场报告会"有感

成都石室中学　王阳勋

青春是什么？是下班后足球场上挥洒的汗水？是在假期背起行囊说走就走的旅行？是在年少拼搏的岁月中此生不渝的爱情？直到我聆听了成都市优秀援藏干部人才事迹教育专场报告会，我对"青春"又有了更为深刻的理解，那就是用青春奋斗书写使命担当！

成都市优秀援藏干部人才代表李明康、王成川、周艳、张平四位同志，他们来自不同的工作单位和地区，但他们都怀着对雪域高原的向往、对工作使命的担当、对中国梦的追求，毅然来到高原地区条件最艰苦的地方，有的同志甚至两次主动申请援藏，把自己的理想和青春都挥洒在最贫瘠的土地上！他们主动攻坚克难，把自身所学毫无保留地奉献出去，为涉藏工作重点州县带去新理念、新方法，为涉藏工作重点州县的发展贡献了自己的力量。

用真心援藏，用真情答卷。援藏干部们舍小家、为大家，不怕吃苦、勇于担当的精神也深深地震撼着我。作为石室中学的一名老师，我也作了如下思考。

一、做社会主义新时代的"四有"好老师

2014年9月，习近平总书记视察北京师范大学，发表了"四有"好老师重要讲话，专门强调：今天的学生就是未来实现中华民族伟大复兴中国梦的

主力军，广大教师就是打造这支中华民族"梦之队"的筑梦人。打造一支有理想信念、有道德情操、有扎实学识、有仁爱之心的"四有"好老师队伍，是学校办学的重要任务。作为"千年名校"石室中学教师队伍中的一员，我更应该严于律己，不断传承石室的优良传统，践行新时代教育教学理论，把自己的温暖和情感倾注在每一位学生身上，认清肩负的使命和责任，努力成为师德高尚、业务精湛、充满活力的高素质专业化教师，做一名新时代的"四有"好教师。

二、做社会主义新时代的坚定拥护者和"文化自信"的传播者

历史表明，社会大变革的时代，一定是文化大发展、大繁荣的时代，一定是需要思想而且能够产生思想的时代。当代中国，正处在中华民族伟大复兴和世界百年未有之大变局的历史交汇点上，民族复兴既需要强大的物质力量，也需要强大的精神力量，没有中华文化繁荣兴盛，就没有中华民族伟大复兴。文化地位与作用如此重要，作为新时代的人民教师备感责任重大，但这也正是鞭策我们不断提升和前进的动力。三尺讲台上，除了"传道授业解惑"，我还要告诉孩子们，中国社会主义新时代已经来到，这个承上启下的时代等着年少的你们去拼搏、去奋斗；我要告诉孩子们，做新时代的追梦人、逐梦人，中华民族的伟大复兴指日可待；我还要告诉孩子们，中华民族上下五千年灿烂的文化等着大家去续写，去创造……"少年智则国智，少年富则国富，少年强则国强，少年独立则国独立"，而少年的教育则在我们这一群新时代的教师身上。我要向援藏干部们学习，努力克服工作中的困难，遇到问题积极想办法，勇于担当，迎难而上，让自己的青春也在小小讲台绽放大大的光彩。

三、做教室里天真烂漫的孩子的梦想"助力人"

每一位孩子都是中国梦的追梦人，他们是祖国的未来和希望。作为他们的老师，应该坚定地捍卫和守护他们的梦想，成为他们逐梦路上的守护者和

助力者。中学时代正是孩子形成正确价值观的时候，老师的引导显得尤为重要。作为一名初中语文教师及班主任，对孩子潜移默化的影响更为突出和明显。我应在日常工作中，不断用新知识、新文化、新意识武装自己的头脑，提升自己的专业素养，带给孩子正确的文化知识、先进的文化理念、与时俱进的社会主义核心价值观，把每一届孩子培养成中国特色社会主义接班人。

十年树木，百年树人。教书育人是一场马拉松式的工作，需要我们潜下心来踏踏实实地立足学情，在日复一日的工作中戒骄戒躁，像四位优秀的援藏干部一样，用真情去浇灌每一朵含苞待放的花骨朵儿，用真心去聆听每一朵花开的声音！

真心真情　感慨感动

——聆听"成都市优秀援藏干部人才事迹教育专场报告会"所感所悟

成都市双流区彭镇小学　余晓琴

今天，我用心聆听了"文翁大讲堂"第五期"用真心援藏，用真情答卷"成都市优秀援藏干部人才事迹教育专场报告会。四位援藏干部的感人故事，他们发自内心的一言一语，他们事迹中的每一个难忘瞬间，无不让人泪目，同时也在我的心中激起无限的感慨和感动。

一、远大的志向：指引人生之路的航标灯

四位作报告的嘉宾中，既有基层的领导书记、学校的管理干部，也有一线的普通教师。无论什么身份，最让我感动的是他们的"初心夙愿"：或者实现自己教书育人的梦想，或者兑现自己亲眼目睹"雪域高原"风采的誓言，或者践行个人的生命价值……这一个个闪烁着光芒的志向愿望，像璀璨的星星般鼓舞着他们从生活条件优渥的成都千里迢迢前往环境艰苦的地区，成就了一段不平凡的经历。也因如此，他们的人生多了不一样的风景，生命更为精彩！对于每个人而言，志向的确立对于人生之路至关重要。古人云："弃燕雀之小志，慕鸿鹄以高翔。"只有树立远大理想抱负的人，才能有所建树。只有拥有正确价值观的人，才能为了有意义的事不懈努力。重视个人得失的人不会拥有大公无私的行为，以舒适享乐为目的的人永远不可能像四位报告嘉宾一样有援藏壮举。所以，每一个人都应该给自己树立正确的人生

观和价值观，让自己朝着有意义、有价值的目标前进。担负着教书育人使命的我们，更应该引导我们的学生树立正确的三观，让孩子从小树立为祖国的富强、人民的幸福而奋斗的高远志向并为之竭尽全力，从而创造自己的精彩人生。这样，中国的未来才有希望，中国才能越来越繁荣昌盛！

二、强烈的责任感：努力克服一切困难的支柱

援藏是艰辛的，除了要克服身体上的不适，更要面临生活、工作中的诸多不便。然而从四位援藏干部娓娓道来的故事中，我们分明感受到他们面对一切困难时强大的内心。因为他们的身上都有着强烈的责任感：对涉藏工作重点州县人民深深的爱，希望改变他们的生活；对涉藏工作重点州县孩子的关心，期望通过自己的努力让他们成长和进步！"浓浓的责任"俨然让他们变成了钢铁巨人，用坚强的毅力克服常人难以克服的困难，这是何其的可歌可泣！我们每一个人也应该有这样的责任感：作为学科教师传授知识的责任，作为班主任教育学生拥有好习惯好行为的责任，作为管理干部改变一所学校、甚至一个地区的责任……这种责任感，能让我们无惧他人的闲言碎语，无惧来自生活和思想心理上的困扰，沿着自己选择的道路勇敢坚强地走下去，直到实现自己的目标和愿望，在平凡的工作岗位上做出不平凡的成绩！

三、持续坚守创新：带来真正变化和进步的保证

托尔斯泰说："选择你所喜欢的，热爱你所选择的。"四位援藏干部用自己的举动践行着这句话。他们中有的人连续两次进藏。他们没有半途而废，而是坚守自己的理想，实践着自己的承诺。他们除了在物质上对当地进行援助外，更让我佩服的是他们不满足于平凡的坚守，不断思考创新，尽力改变：李明康书记多方筹措资金，为格绒村村民安装热水器，教他们种土豆、搞养殖的技术；王成川校长发挥当地孩子能歌善舞的特长，丰富了他们的大课间活动；计算机老师周艳完善学校的排课系统，为学校设计成绩分析

评价模板，让学校在管理上更为便捷；张平老师通过"启明星计划"和自己实实在在教书育人的行动，让当地孩子在"智"和"志"上有了改变。援藏干部用点点滴滴的行动告诉我们：默默无闻的坚守固然可贵，但只有不断的创新改变才能真正改变一所学校，造福一方百姓，才是真正的执着和担当！我们应当从他们的身上学习什么呢？我们要立足自己的本职工作，不碌碌无为，不"当一天和尚撞一天钟"，而是站在学校、学生、学科的角度尽力去思考。为了学生的成长，为了学校的发展，努力去实践创新，不断改变，在工作岗位上做出成绩来，让自己的工作变得更有价值和意义！

"在高原上工作，最稀缺的是氧气，最宝贵的是精神。"四位援藏干部不仅把可贵的精神留在了高原，更留在了我们每一位听众的心中。我们将以他们为楷模，无论战斗在哪一个岗位上，都将牢记初心，不忘使命！

爱是一把火，汇作满天星

成都市天涯石小学　韩　炼

我在观看了"用真心援藏，用真情答卷"为主题的成都市优秀援藏干部人才事迹教育专场报告会后很受触动。

他们有的像启明星，为支援学校带去新的曙光；有的在短暂的援藏时光里让援助地区发生巨大的变化；有的秉持党员的优良作风，在援藏的艰苦条件下不忘初心，牢记使命，砥砺前行……

正是有了援藏干部的坚守和奉献，不仅给支援地区带去先进的教育理念和技术，同时根据不同学校的学生情况因材施教，勇担责任，发挥教师和教育的力量，整合多方资源，不仅在智力上援藏，更在技术上支援，让学校在政府的财力支持下逐步发展。

有人说援藏因为自己的个人情怀，也有人说那是自己的一份担当，还有人说那是他的梦……可我觉得这里面最重要的可能是每个援藏干部对于支援地区深深的爱——对故土之爱，对教育之爱，对学生之爱……正是这些爱支撑着他们在艰苦的条件下勇于担当，不忘使命，和当地人民团结一心，时时想办法，处处集智慧，更好解决问题。

即使后来他们离开了支援的地区，他们带去的理念和先进技术、方法仍被传承下来，像星星一样照亮前行之路，推动区域更好发展。

还记得小时候的语文书里有一篇让自己印象深刻的文章《在山的那边》，那时的自己也跟作者心里想的一样，觉得山的那边肯定不是山，定是不一样的美丽风景；但是后来慢慢发现，山的那边可能还是山，但不一样的是从一座山翻到另一座山的过程中，心中那种向往和支撑自己不断前行的信念最难能可贵。

可能也会像作者所说的那样：在不停地翻过无数座山后终会攀上一座山顶，看到全新的世界在一瞬间照亮你的眼睛。

或许，援藏干部们在援藏过程中遇到的问题有时就像是山的那边还是山一样，解决了一些问题之后又会面临新的问题。但是令他们可喜和欣慰的是，在翻过一个又一个山头，解决一个又一个问题之后，看到支援地区学校的变化和孩子们的进步与改变。那感觉可能就像看到了前方宽阔的大海在向自己招手一样，那也许就是一瞬间眼前的一道美丽风景吧！或许，这也是他们援藏的一种意义所在吧！

毛主席曾经说过："星星之火，可以燎原。"援藏干部们的扶贫、支援也许是暂时的，但是他们给当地带去的发展动力和挖掘出的地区发展潜力却是持久的。就像在支援的土地上点燃了小小的火苗一样，当地日后的发展定会在动力和潜力的发展之下以一种燎原之势向前发展。

或许"打赢脱贫攻坚战"的道路任重道远，但是相信在这么多支援、扶贫干部们的共同努力之下，在优秀学校的帮扶之下，贫困地区的教育和发展一定会走上新的台阶。

因为教育也是"润物细无声"的，在给支援地区带去物资和财力上的支援的同时，还有援藏老师们对当地学生因材施教的知识传授和对他们志向的引导、激励；他们的努力会让当地的教育水平逐步提升。同时不忘在发展中将物资、智力、志向相结合，坚持和引导可持续发展，让学生的成绩上一个档次，学校的发展上一个档次，地区发展也上一个档次，把自己心中的爱之火，汇成照亮区域发展的满天星，引领发展之路。

也许他们没能一直在援藏道路上坚守，但是他们支援的心早已和当地人民连在一起，他们的精神也在不断鼓舞着后继的支援干部们前进。

他们看不见的真心和看得见的真情在援藏的道路上像火又像星星，把支援的这片土地照得通红，照得通亮。他们用自己微弱的力量给支援的土地带去新的生机和力量；他们给当地带去的是真心和真情，带去的是地区的发展和进步，是孩子们的成长和改变，也带动了当地未来教育的不断提升和发展。

| 爱是一把火，汇作满天星 |

未来这些地区的教育还在不断向前发展，也需要更多的援藏干部勇担责任，不忘初心，牢记使命，砥砺前行。感恩，有无数前赴后继、甘于奉献的援藏人；庆幸，将来还会有许多接力支援的援藏人。

正是有你有我还有他，让援藏之路热情似火，灿若星辰。致敬可爱的你们！

以梦为马，谱写教育芳华

——听"成都市优秀援藏干部人才事迹教育专场报告会"有感

成都市中和中学　刘小韵

说起西藏，首先想到的是蓝天白云，高原风光，想到的是随风飘扬的五彩经幡。却不曾注意到有这样一群人，他们在这里扎根教育，他们舍小家、顾大家，克服高原反应，历经千辛万苦，用实际行动践行向祖国和人民立下的铮铮誓言，提交一份份令人满意的教育答卷。

一、坚守初心，润泽生命成长

"百年大计，教育为本。教育大计，教师为本。"在涉藏工作重点州县决战脱贫攻坚、决胜小康社会的征程中，援藏教师不忘初心，践行教育理念。交通不便，他们动手修起了村里闲置的皮卡；语言不通，他们学会了一口流利的藏语。他们从城里来，远离家人朋友，深埋思乡之情，把优质的教育资源带到涉藏工作重点州县的学校里去。

没有比较，就不懂得珍惜。身处内地都市，我们不用去面对难以适应的高原气候，更不用去历经恶劣的风雪险情。所以，我们没有理由不沉下心来好好工作，更没有理由浮躁、抱怨。立足三尺讲台，与学生朝夕相处，更是要做"有理想信念、有道德情操、有扎实知识、有仁爱之心的好老师"。面对不同的挑战，担任时代教育重任，在担当中历练自我，在尽责中发展成长。

二、挥洒汗水，践行爱的教育

援藏，是一种使命，更是一份担当。何谓平凡？何谓伟大？教育常常被人和"奉献"二字一并提起，援藏教师在海拔3000多米的高原奉献着自己的青春。怀揣着梦想与期待，他们的眼睛如天空般澄澈，他们的笑容如格桑花开放。若是问起踏上援藏之路的原因，我想他们的回答一定是爱，是对莘莘学子的爱，对教育行业的爱，有了爱，便不计付出，不求回报。作为美好教育践行者的教师，我们"一个肩膀挑着学生的未来，一个肩膀挑着民族的未来"。当我们用爱的火焰给孩子们带来温暖的时候，我们就是孩子的春风；当我们用爱滋润孩子心灵的时候，我们也可以闻到花朵的芬芳。爱是人类最美的语言，若是教育之花被爱浇灌，尊重平等的教育，一个鼓励的笑容，一句暖心的鼓励，让学生更加自信，让家长更加放心，让社会教育怪象不再存在。

三、携手进取，共筑教育梦

教育意味着一棵树摇动另一棵树，一朵云推动另一朵云。他们用自己的行动在高原上树立起人生标杆，用奉献书写了青春的不悔和亮丽，用实干赢得了当地人民的尊重和信赖。授人以鱼不如授人以渔，在涉藏工作重点州县，他们发挥每一位援藏教师在专业学科方面的优势特长以及派出学校的强大支持作用，强化辐射带动，把内地先进的教育理念、管理方式和教学方法带进去，融入学校管理和日常教学中，推动学校治理能力和教师队伍质量的提升。把互联网备课的优秀资源分享给高原，通过一对一帮扶的教学模式联系学校，把科学的教学方法、教研模式留在校园，把最新的办学思想和育人理念带给山村。当地的教师在成长，而我们也不能囿于现状，固步自封。我们要学习最新的教学思想，汲取优良的教学经验，保持对教育的探索，积极迎接挑战，做一名成长型教师，不断前进。借助现有的良好教育平台，教师专业成长与发展是学校发展与改革的重要支撑。

捷克著名教育家夸美纽斯曾经说过，教师是太阳底下最光辉的职业。作为教师，教好书、育好人是我们根本的追求。心有所信，方能行远。无论是在雪域高原还是在城市他乡，只要作为一线教师的我们心中有信仰，脚下有力量，不忘初心做时代楷模，潜心育人当时代先锋，定能共同谱写教育新的篇章。

您的泪水是我一生的惦念

成都市娇子小学　罗顺利

在脱贫攻坚已到了决战决胜、全面收官的关键阶段，在贯彻落实"不忘初心、牢记使命"主题教育活动的关键时刻，我有幸聆听了10月30日上午由成都市教育局主管、成都市教育科学研究院主办的2019年"文翁大讲堂"第五期讲座——"用真心援藏，用真情答卷"。那时我也刚刚送教结束，从涉藏工作重点州县返回成都。不亲身经历，不知其中苦楚。不真情付出，哪知笑容动人。今天的我是感同身受的锦江送教人，昨天的我却是生在川内山区的苦孩子。我能走上教师的道路，正是因为有这样一批无私无畏、初心无悔的奉献者相伴同行。

12年前，我正在北川；往后12年，泪水凝结了太多沉痛的回忆。我不想别人听到"北川"这两个字，我也从不对人主动说起。

"无限山河泪，谁言天地宽"。那一年我14岁，读初一，突然间地动山摇，骤然来临的黑暗和暴雨，让我目睹了生离死别与鲜血淋漓。但我记住的红色，是红十字的红色，是党徽的红色，是国旗的红色，我是这一片红色的追随者。那一年我加入了中国共青团。

在经历了几次灾后重建之后，2010年9月，崭新的北川县城拔地而起。在充满羌族特色的巴拿恰广场上，伫立着温家宝总理书写的"多难兴邦"。2010年冬天，一位失去双腿、安着假肢的孩子，在学习之余，亲手给温总理织了一条围巾，并写了一封信。这只是我们的一份寄托与憧憬。然而令我们想不到的是，2011年，灾后重建基本完成的时候，温爷爷来到了北川看望我们，围着我们织的围巾，给我们打招呼！他告诉我们，既要记住灾难，又要展望未来，将这份信念继续传递下去。

不久之后，温爷爷又亲临北川中学，在新一年的春天走进我们的新校园。新建的北川中学，是全国瞩目的对象，也是全国党政机关重点研究的对象。新教学楼的背后是一抹鲜红的底色，温爷爷走上前来，亲切地和我们握手，脸上一直带着微笑。

并没有用事先准备的稿子，就站在操场上，在学生们的簇拥中，温爷爷激情洋溢地朗诵了一首诗歌：既要仰望星空也要脚踏实地，再大的困难也难不住英雄的中国人民。我们要珍惜现在的环境，努力学习。这是温总理对我们的寄托。同学们的掌声不断响起，眼神坚定，而脸颊不知不觉地湿了。温爷爷的眼睛氤氲了，但是脸上始终洋溢着微笑。

临别之际，当温爷爷转身坐上车和同学们不停挥手的时候，我透过车窗看到温爷爷的眼泪掉了下来，掉在慈祥的微笑里。前前后后，温爷爷共八次视察北川，而那时我们都知道，这是温爷爷最后一次来北川中学看我们了；以后即使再来，温爷爷也已经卸任，不是总理了。但是他的心里始终放不下我们，始终牵挂着我们。这一滴滴泪水是一份份深沉的惦念，我一刻也不敢忘记。

2013年高三结束，我填报志愿的时候，毫不犹豫地选择成为一名免费师范生——这是温爷爷为了解决西部教师缺乏问题、支援西部发展而提出的政策。2016年，我在陕西师范大学文学院光荣地加入了中国共产党。那一刻，我哭了，我始终记得温爷爷的嘱托，也记得自己儿时的梦想。2017年，我已经从陕西师范大学毕业，留在了祖国的西部，我的故乡——四川，成为一名小学语文老师。2020年已经是我成为教师的第三个年头，我为这份职业而骄傲，立志为祖国的教育事业贡献自己的力量。这份初心一直纯粹，这份使命从不敢忘。

习近平总书记曾对青年提出殷切期望："青年一代有理想，有本领，有担当，国家就有前途，民族就有希望。"理想和担当，更根植了内心的一份感恩。大道无垠，长河奔流，每一代青年都有自己的机遇和挑战。愿我们在自己的时代坐标下感恩同行，创造新的历史，谱就新的华章！

教育公平，成都教育人一直在努力

成都市锦江实验学校　郭春利

教育公平一直是大家非常关心的话题，也是长久存在的问题。为了让教育更加公平，成都市教育局做了很多工作，包括近来关注度非常高的民办学校摇号、均衡分班等。其中，为了区域教育公平，成都市教育局的援藏行动从2001年就开始了，到现在为止已经将近20年。

20年来，成都市教育局一直把对口支援涉藏工作重点州县教育工作作为成都市教育工作的重要组成部分和成都教育的一项重要工作来抓，坚持着眼全局与重点推进相结合，坚持物质支援和智力支教相结合，坚持单向扶持和双向互动相结合，采取多项有利措施，改善民族地区办学条件，提升教育整体发展水平。在这20余年里，成都市到涉藏工作重点州县支教的有2600余人，送教、讲学、交流讲座的有1.8万余人，教育联盟和跨区域教师有4900余人。从区域结对到校校结对、师师结对以及科科结对，无数援藏干部、援藏教师用自己的青春和热血为提升区域教育公平添上了浓墨重彩的一笔。

演讲中，令我印象最深刻的是王成川老师的演讲。从3分到30分，到80多分，再到90分，这是一个多么大的跨度啊！只要是当过老师的人都能感受到这简单的数字背后包含的精力和心血。他为了把阳光体育运动带到当地，绞尽脑汁，把藏族特色融入其中，最终让孩子们、老师们甚至校长都乐于参与其中。当王成川老师讲到有一天他辅导完学生，发现一个孩子因为交不出参加学校活动的15元钱而哭泣时，我被深深地震撼了。这是多么的贫穷啊！在城里，有的孩子一天的零花钱都不止这个数。正因为如此，所以我们才更需要从教育上去支援，让那里的孩子通过接受更好的教育看到未来生活的希望，让那里的孩子通过学习改变自己的命运。

看到这些，我想到了我们学校。我们学校每年都有老师去炉霍下塘乡小学和简阳五星九义校支教、送教。我们学校是锦简联盟的一员，托管了简阳五星九义校。在托管的几年间，我们学校的老师多次到简阳五星九义校送教，五星九义校的老师也多次到我们学校跟岗培训。记得第一次去简阳五星九义校时，下了高速，还坐了一个多小时的车，因为后面很长一截都是仅容一车通行的小路。五星九义校教室里的桌椅很陈旧，操场并不宽敞，但是每一个听课的孩子的眼睛都是明亮的。短短几年间，无论是新修的设施，还是学校更完善的管理制度、更丰富多彩的活动，都见证了我们锦简联盟的努力和付出。

除了简阳的五星九义校，我们还多次去炉霍送教。就在上个学期，炉霍的老师还来我们学校参观学习。我上了一节示范课，在课后和他们的交流中，我深刻体会到他们教学环境的艰苦、学生的质朴以及对知识的渴望。在支教、送教的过程中，我们学校没有丝毫保留，把自己好的经验结合对应学校的实际进行改良，再分享给对应学校，以帮助其提升。

在我们学校，我的身边，就有这样一位支教教师让我非常佩服。她叫钟沛育，是我们学校的数学教师、数学教研组组长。2018年，她响应号召，主动申请去简阳五星九义校支教。天有不测风云，在2018年6月的体检中，她检查出了甲状腺癌。面对噩耗，她积极乐观地配合治疗。我原本以为她会因为身体的缘故而申请放弃支教，毕竟五星九义校是在简阳的一个偏僻乡镇上，无论哪方面的条件，都比成都差得多。而这个时候，她的大女儿刚准备上幼儿园，小女儿还不到一岁。让我非常意外的是，在进行完手术及相关治疗后，8月底，她带着脖子上长长的手术疤痕毅然踏上了支教之路。在支教的一年中，她任劳任怨，没有因为身体和家庭的原因叫过一声苦，喊过一声累，圆满完成了她的支教任务。

我想，就是因为有着这么多像钟老师一样的人，我们成都的教育才在不断提升的同时向周边辐射，向少数民族地区辐射，让教育之光能照到更多的地方，让优质教育能辐射更多的地方，从而缩小地区和地区之间的差异，让教育变得越来越公平。

真心援藏，圆梦雪域

成都市锦江实验学校　张　逊

2019年10月30日，我有幸作为锦江区的一名教师代表参加了在成都石室中学举行的"文翁大讲堂"第五期"用真心援藏，用真情答卷"主题教育报告会。本场报告会分为优秀援藏干部、教师先进事迹报告和互动交流两部分。成都市优秀援藏干部李明康、王成川、周艳、张平四名同志分别作了《用真心扶贫　用真情答卷》《两年援藏心，半世雪域情》《时短情长，难忘支教》《两次援藏　一生无悔》的事迹报告。他们讲述了带动一个班子，办好一所学校，造福一方百姓，把他乡当故乡，把学生当亲人的故事，感人至深，催人奋进。他们用执着和担当谱写着教育援藏的新华章。

"用真心援藏，用真情答卷。"李明康作为援藏驻村第一书记，时刻践行共产党员的初心使命，始终坚持战斗在扶贫第一线，克服各种困难、压力与挑战，圆满完成所驻村脱贫任务。王成川老师作为成都市武侯区第三批援藏干部，挂职甘孜州白玉县中学副校长。他始终以教育扶志、扶智为己任，坚持当好跨区域结对帮扶的践行者、推动者和传播者。周艳老师两次参与支教，为黑水县芦花完全小学送去现代教育教学管理技术，改变了学校传统教学模式，促使学校教育教学面貌焕然一新。张平老师两次援藏，始终不忘援藏初心使命，长期为学校献策略、献爱心、献教法，送调研、送培训、送研修，促使学校教育管理和教学质量跃上新台阶。

对话与交流环节由石室中学副校长赵清芳主持，棠湖中学校长刘凯、我区成都师范学校附属小学副校长何琳简要介绍了学校的援藏情况，并与报告团老师们就援藏过程中难忘的典型事迹和经验进行了对话交流。

习近平总书记指出:"在高原上工作,最稀缺的是氧气,最宝贵的是精神。"新时代的教育工作者要"不忘初心、牢记使命",不断拓宽视野、解放思想,求真务实、开拓创新,勇于担当作为,以只争朝夕、实干苦干的精神,在自己的教育工作岗位上交出让人民满意的"答卷"。

联系我自己的援藏经历,感慨良多。2017年8月,我奔赴甘孜藏族自治州的炉霍县新都小学,开始了为期两年的援藏支教生活。海拔3000多米的雪域高原,神秘而迷人。那里有蓝天白云的圣洁,放牧草原的自由潇洒,更有高寒缺氧的艰苦。从成都来到炉霍,高原反应成了援藏队员们初到之时面临的第一道坎儿:呼吸困难、头痛、睡不着……炉霍的冬天来得很早,寒风凛冽,滴水成冰,这些可能会难倒我们的身体,但绝难不倒我们的心。同来援藏的老师不仅经常交流教学问题,在生活中也是相互鼓励,相互帮助。初到新都小学,何校长和阿涛校长热情地迎接了我,并且专门调整课表让我上科学课。遵循炉霍教育需求急切的学科优先安排,我在新都小学不仅承担着8个班每周16节的科学课,还要负责科学实验室管理、汇总工作,并分管参与学校的德育与办公室工作。我和当地老师打成一片,工作生活都融入进去。这些点点滴滴架起锦江炉霍友谊之桥,支教教师努力用实际行动践行"格桑花开,锦绣炉霍"的智慧援藏。

我们到炉霍不仅仅只是上课,专业培养、资源交流更是重中之重。我发挥省内对口支教教师"传帮带"的作用,帮助培养炉霍县科学教师队伍能力水平,切实提升实验教学质量,为培养一批"带不走、留得住"的本土教育人才队伍不断努力。

锦江区教育局和锦江实验学校领导、老师也时常关心关爱我在炉霍县的工作和生活的情况;经常勉励我要不忘初心、不怕困难、踏实工作,把先进的教育教学理念带到支教学校,把自己的最大能量充分发挥出来,把好的教育思想、教学理念、教学方法、教育智慧展示出来。坚定信心,砥砺品质。

虽然我两年的援藏支教工作结束了,但锦江区和炉霍县教育携手同行并未结束,两地不断增进友谊、共享资源,共同推动学校办学水平提升。就像本次"文翁大讲堂"报告会在学习先进典型中温润"初心",激发"使命",在援藏干部、教师的感染熏陶下,不断锤炼老师们的政治品质和精神操守,并自觉转化为干事创业的奋斗激情、感恩奋进的工作豪情、努力学习的内在动力。

两年援藏行,一生援藏情。感谢这段经历,让我共圆成长梦想于雪域,收获人生真爱在高原。

第六期

关于学校实施家庭教育指导的思考

成都石室中学 田 间

家庭教育和学校教育、社会教育一起构成了学生成长的重要组成部分。学校在输出教育理念、整合社会资源、构建家庭教育支持服务体系等方面扮演着举足轻重的角色。学校对家庭教育的指导具有必要性、可行性，需要有可操作的实践策略。

一、实施家庭教育指导的必要性

2015年，教育部发布《教育部关于加强家庭教育工作的指导意见》，阐明了家庭教育的重要意义，明确了家长在家庭教育中的主体责任；《2019年教育部工作要点》提出，要明确家长主体责任，发挥学校指导作用，健全家校合作机制，提高家庭教育水平。这些文件为学校实施家庭教育指导提供了理论依据。

家庭教育的重要作用毋庸置疑。家庭对于个人发展轨迹具有基础性、持续性影响。家长的教育方式和教育行为影响着教育效果，关系到孩子的终身可持续发展和国家、民族未来。

家庭教育在实践中暴露出诸多问题。很多家长看重分数，忽视育人；看重结果，忽视过程；多为言教，少有身教；多为命令，缺少沟通。当"居家学习""停课不停学"的现实摆在我们面前，后疫情时期学习方式和教育样态发生变化，家庭面临着新考验，急需解决各类问题。

二、学校实施家庭教育指导的可行性

家庭与学校相辅相成，密不可分，育人目标一致。当我们提出"家庭教育"这一概念时，这就表明在孩子的成长过程中，家庭应当具备一所"学校"的教育理念与措施，担当起"学校"这一角色。正因为两者交叉互融，学校对于家庭教育的指导有了行动基础。

学校作为教育专门机构，能给家庭教育以专业科学的指导。教师经过师范院校的系统培养，具有教育学、心理学知识和育人的方法技巧。教师在长期育人实践中，对不同年龄段和不同性格的学生都有接触了解，能够更全面、更科学实施育人策略。学校作为家庭教育支持系统中的重要连接点，能够整合多种资源，丰富育人内容和载体，为家庭教育需求提供助力。

三、学校实施家庭教育指导的策略

学校在实施家庭教育指导的过程中，有以下可操作策略：

（一）纳入整体规划，让家庭教育指导更加系统

学校要将推进家庭教育指导作为行动自觉，纳入学校工作整体规划，组建家校协同领导小组，建立家校共育工作机制和三级家委会（学校—年级—班级），健全各项管理制度，做好各类资源的协调整合，最终形成立体化、网格化的全域支持体系。

（二）提升教师水平，让家庭教育指导更加科学

教师是家庭教育的重要指导者、实施者，学校要通过序列培训、师徒结对等方式帮助教师掌握家庭教育指导的基础理论和基本技能，在专业化成长的过程中落实家庭教育指导。此外，要以科研促成长，引导鼓励教师进行课题研究、论文撰写等，促进教师在实践、反思、研究中不断提升，为进一步深耕家庭教育打下坚实基础。

（三）拓展指导路径，让家庭教育指导更加多元

传统的家庭教育指导多以集中性讲座、家长会等形式开展，在新的时代

要求下，学校要从学生和家庭需求出发，以小切口分析问题，出实招提出建议，直面难点，解决痛点，以课程开发、亲子活动、家长学校、读书会、个体咨询等多种方式实施指导。同时，利用"互联网+"模式，线上、线下结合，开展多样化的、多维度的、问诊式的家庭教育指导服务和实践活动。

（四）构建评价体系，让家庭教育指导更加有效

家庭教育指导工作不是学校的单方面"输出"，而是需要互动与反馈。因此构建评价体系，形成工作闭环，才能检验工作成效。评价的对象包括家长、学生，更包括指导教师；评价的内容包括教育理念、教育内容、教育方法等多个方面。评价要注重显性工作与隐性效果的结合，工作结果与工作过程的结合，以更加科学的评价促进家庭教育指导工作的开展。

家庭教育指导任重道远，意义非凡，需要学校、家庭、社会各方力量的和谐共建，才能真正形成育人合力。学校要勇于担责，主动作为，充分发挥示范引领作用，不断开展家庭教育指导的理论研究和实践探索，助力新时期家庭教育水平的稳步提升。

家庭教育应增强公民素养教育和增设国家大学课程

——听傅国亮《新时代家庭教育的新要求与新举措》有感

成都市双流区胜利小学　赖　玲

"文翁大讲堂"每每请到教育大家、行业大咖做专题报告，我自然是不会错过的。2019年的"文翁大讲堂"让我收获颇多，从《全球金融前瞻和中国经济新格局》中，无比坚定实现中国梦的信心，到换一个角度思考《美国教育改革分析：中美比较的视角》，鼓舞于《我国基础教育70年的成就与政策》，不忘初心《做有德行有智慧的教育人》。12月，听傅国亮讲《新时代家庭教育的新要求和新举措》特别有感。

习近平总书记曾这样阐述价值观，他说："这就像穿衣服扣扣子一样，如果第一粒扣子扣错了，剩余的扣子都会扣错。人生的扣子从一开始就要扣好。"在一个人一生的整体教育结构中，家庭教育就是教育的第一粒扣子。扣好人生的第一粒教育扣子，就是要有好的家庭教育。

未做校长之前，我在双流区教育局德育科工作。虽然对于解决家庭教育现实问题的必要性和紧迫性有充分认识，也督导学校开展家长学校工作，但因为未接触鲜活的个体，所以似乎还未触及心灵。当到学校任校长后，面对从一个个不同的家庭走进学校的一个个个性鲜明的学生，当切身感受学校教育成效被家长言行削弱、抵消甚至颠覆时，才深感学校和教师被拉下神坛的切肤之痛，感叹实施科学而有效的家庭教育需要引起全社会的关注和参与，需要国家层面的研究和部署。

在傅老的讲义中，有几个关键词："完善人格""为国教人""党管教育"……这让我陷入深深的思考：到底该做什么？到底从什么时候开始做？

一、转变对家庭教育的传统认识

我认为首先该做的是转变家教思维。把子女教育向公民教育转变，把家事向国事转变。也就是让父母把"我教我的儿（女）"思维向"我们在培养（世界）公民"思维转变。每一个儿女都是社会的一分子，是将来社会的具有独立能力的参与者和建设者。贝奇·布朗·布劳恩在其著作《说给孩子听，做给孩子看》一书中指导家长，要"培养一个富有同情心的孩子""培养孩子的自立精神""培养孩子的责任心""培养孩子尊重别人的能力"……而这些品格和能力在露丝·韦尔特曼·贝古恩的著作《美国中小学生社会技能课程与活动》中又被视作"社会技能"。在中国文化中，培养出优秀的孩子是为了"光宗耀祖"，我们的孩子常常到了高中都不清楚自己喜欢什么，不知道"我想做什么"。而在欧美发达国家，父母教育不当是会被剥夺监护权的，因为每一个孩子都是国家公民。因此，转变家教思维十分重要。

二、全面认识家庭教育的内容

家庭教育涉及很多方面，目前，一些发达国家在广义上这样定义家庭教育，指具有增进家人关系与家庭功能之各种教育活动，其范围如下：亲职教育、子职教育、两性教育、婚姻教育、伦理教育、家庭资源与管理教育、其他家庭教育事项。从以上阐述中，不难看出最重要的是品质教育，是如何做人的教育。傅老在讲义中使用了很中国的一个说法，也就是"立德树人"。他尤其提到了"劳动教育"，这既是一个家庭责任，也是一个社会责任。但不可否认的是，在现在的很多家庭中，这一项教育严重缺失。

三、培养父母科学教育的能力

父母的教育能力从什么时候开始培养？家长，到底是"上岗前培训"，还是"上岗后补课"？我认为应该在"上岗"前培训。中国有句俗语："三岁看大，七岁看老。"目前，指导家庭教育的主渠道是中小学幼儿园的家长学校。而上幼儿园前的三年，关键的三年，这个空缺谁来填补？我认为应由家庭来填补。

我非常希望可以在大学，特别是在师范学校开展以家庭教育为主的相关课程。我个人认为，一个国家，如果人们都是追求学习的，都是崇尚自主、自律的，那么这个国家一定是文明而进步的。大学（及职高）阶段是一个人从学生向职业者的过渡阶段，此后难以有课时、师资、教材同时保障的学习条件。若能在大学对学生开设以家庭建设和家庭教育为主要学习内容的课程，无疑是让"每一个孩子赢在起跑线"最有效、最高效的保障。如同傅老所说，党管教育，我们需要从顶层上大胆改革。

家庭是一个人一生的学校，若能把这所学校建设好了，一个国家的后代一定能越来越优秀。

发挥课程功能，助力家庭教育，形成家校合力

双流区黄龙溪学校　黎明生

人才的成长是家庭教育、学校教育、社会教育、自我教育共同作用的结果。家庭教育在孩子的成长中具有奠基性、深刻性和长远性。而有的家长往往没有认识到这一点，特别是在广大的农村地区。他们把教育孩子的事完全看成是学校和教师的事，把教育的责任完全交给学校和老师。有的家长甚至说："父母管吃穿，老师管教育。"这样的想法是不利于孩子成长的。当前，家庭教育发展面临新的机遇期。学校支持服务家庭教育要勇于担责、主动作为，与家庭密切合作，共同为培养德智体美劳全面发展的社会主义建设者和接班人做出新贡献。学校可以充分发挥课程的功能和作用，助力家庭教育，形成家校合力。

一、发挥课程的引领作用，转变家长教育观念

1. 办好家长学校，开设家长课程

家长学校，是学校和家庭在孩子教育事业上充分达成共识的一个重要场所。学校要充分利用家长学校，设置丰富的、分阶段的、有层次的家长课程，集合校内外资源，转变家长的教育观念，提升教育能力，将学校的教育理念、政策、措施等传递给家长，获得家长认同，达成家校共识。

2. 丰富家校联系活动课程，引领家长走进学校教育

家庭教育、学校教育要形成合力，家长就必须更多地走进学校，熟悉学校的教育。学校通过多种途径，开设丰富的家校联系活动课程，建立长效

的家校联系机制。如"家校沙龙""家长讲坛""家长义务日""家长开放日""亲子活动"等，让家长亲身体验参与教育，为学校教育出谋出力，成为教育的一分子。

二、发挥课程的教育功能，助力家庭教育

学校要构建延伸到家庭的课程和专门的家庭教育课程，指导家长成为课程的实施者和评价者，通过与孩子共同参与课程，发挥家庭教育的作用。

1. 劳动教育课程

家庭是落实劳动教育的重要场所，劳动教育应该成为家庭教育的重要内容和家庭德育的最好途径。学校在设置劳动教育课程时，一定要注重家庭劳动教育内容的设计和实施。生活处处有劳动，劳动就在孩子身边，可以"拾来即教"，无须家长再"绞尽脑汁"。小点的孩子学习"自己的事情自己做"，大点的孩子学习做"力所能及的家务"。家长与孩子一起劳动可以，增进亲子关系，形成良好的亲子沟通模式。孩子在劳动中可以学习独立和自信，可以学会尊重劳动和尊重他人，可以形成服务精神和助人品格，可以提高劳动意识和劳动能力。

2. 社会实践课程

学校开设的许多社会实践课程，需要学生利用课余时间去体验、去完成，更多的时候是没有老师指导和监督的。这个时候，可以充分发挥家长的作用。在设计课程时，一是让家长成为课程实施的监督者，二是让家长成为课程的指导者，三是让家长成为课程的评价者。通过家长的参与、指导、评价，一方面可以激励学生更积极地完成课程的学习，不断提升自己的学习和实践能力；另一方面，家长和孩子都可以通过课程增进对彼此的了解和理解，拉近亲子关系。

3. 家庭建设课程

家庭的和谐，亲情的融洽，家庭教育才可能顺利而有效的实施。学校可以设置专门的家庭建设课程，让家长和孩子一起以"建设和谐家庭"为目标，齐心协力设计和完成相应的课程。比如，"三家课程"，学生和家长共

同完成"家风、家训、家规"的提炼和制定;"节日课程",学生和家长一起设计、庆祝"父亲节""母亲节""中秋节"等具有家庭和亲情意义的节日;"我为我家课程",家庭成员各自规划并完成一件为家庭建设做贡献的事。通过这样的课程,增强孩子的家庭归宿感,认同感,形成家庭教育的良好氛围。

三、发挥课程的评价功能,提升家校共育效力

学校要建立相应的课程评价机制,制定各类课程的评价办法和评价体系,将家长、学生都纳入评价中,通过手抄报、演讲、家长沙龙、最美家庭评选等手段,为这些课程的实施搭建相应的评价和展示平台,激励家长和学生参与课程的积极性,让家庭教育在潜移默化中实施,于无声处与学校教育形成合力,提升家校共育效力。

以爱之名，塑造美好人格

——我心中新时代家庭教育的重中之重

双流区胜利初级中学　彭华兰

爱人者，人恒爱之；敬人者，人恒敬之。

——《孟子·离娄章句下》

回想起多年前的马某某案，今年的某某弑母案以及诸如此类的众多案件，让人唏嘘的同时也引人反思。这些案件中的主人公，倘若说他们人格有所缺失，大概会得到很多人的赞同。那么，如何才能塑造健全美好的人格呢？我的答案是：爱。

在家庭教育中，要用爱塑造健全美好的人格，我想我们首先要明确什么是爱。

什么是爱？我们无一例外地见过爱的不同面貌：爱人的陪伴，父母的奉献，朋友的支持，哪怕是陌生人的一次帮助也能让我们感受到人间有爱。但是我所理解的爱应该具有一些不同的含义。

爱是自我的。在现代家庭关系中，有一种典型的"奉献型"亲子关系，父母为了孩子可以想尽办法无条件地满足孩子的一切需求，无限制地压缩自己的一切需求。我曾经遇到这样一位母亲，她的儿子从小到大都是被全家捧在手心中长大的，且不说要什么给什么了，就连正常的一日三餐，只要孩子没有回家（哪怕是在外面玩），全家人集体不吃，等着"小祖宗"回家才吃饭。就这样在全家人用心呵护下长大的孩子，有一天把他妈妈摁在沙发上揍了一顿。因此，在我看来，爱并不意味着要完全失去自我，并不意味着无底线的牺牲和奉献。只有拥有独立自我的人给予的爱，才能蕴含更多积极能量。

爱应有是非观念。前两年某大艺术家的儿子，在对别人家的孩子做出"非人之举"之后，面对法律的制裁，某艺术家居然能以一句"他还是个孩子"来祈求大众的谅解。我们无法说这位大艺术家不爱他的孩子，只是这种已经完全缺乏是非判断的爱，能给孩子的人生带来多少正面效应？

爱有自我但不自私。曾在网上掀起人性大讨论的某歌案，那位在受害者的帮助下侥幸逃生的女孩和家人，最后竟然和自己救命恩人的母亲"反目成仇"，在生命威胁面前保全自己无可厚非，但是在解除生命危险之后的一系列举动尽显了人性的自私。

那么，如何用爱塑造健全美好的人格呢？

首先，应营造充满爱的家庭氛围。中国式的家庭往往是男主外、女主内，这样的分工自然有它的优势所在。但是久而久之，就造成了家庭教育中父亲角色的缺失，出现大量的丧偶式教育，妈妈承担着大部分的教育职责，久而久之难免会内心失衡，不堪重负，于是矛盾丛生。这样的家庭连和谐都无法做到，更遑论爱的氛围。有爱的家庭氛围应该是爸爸爱妈妈，妈妈爱孩子，孩子在充满爱的氛围中感受到了幸福才能激发爱的意识。

要教给孩子正确表达爱的方式。国人将含蓄视为美德，因此羞于表达。有位友人向我倾诉，她的老公回家从不做家务，从不扔垃圾，从不带孩子，丝毫不体谅她的辛苦，还美其名曰"家庭传统"。友人心中难免愤愤不平，对方直接甩过来一句：我父母几十年就是这么过的，我没有觉得他们不爱彼此啊！都说父母是孩子的第一任老师，孩子也从父母那里习得爱的正确表达方式，教会孩子恰当地表达自己的爱，是让爱传递下去的最好方式。

爱要有大局观。在教孩子爱自己、爱家人的同时，也要尝试着去爱周围的人。我们在公交车上给老人、孕妇、孩子让座，别人也给我们家的老人、孩子、孕妇让座；今天我扶了别人家摔倒的老人，保不准哪天我老了别人也扶我一把……我们不应去埋怨这个社会缺少温度，而是应该思考我们曾经献出过多少温度。爱不仅仅是局限于自己的那一方小天地，而应心中有他人，心中有社会，心中有国家，由小爱到大爱，实现人格的升华。

　　健全美好的人格是幸福人生的基点，而爱是一种宝贵的能力，是塑造健全美好人格的不二法门。用爱塑造人格绝不是一时之举，它应该是一场漫长的修行，它贯穿我们的整个人生。新时代的家庭教育，应该用爱帮助孩子塑造健全美好的人格，成就幸福人生，整个社会也应呼吁爱的教育，成就大爱民族！

农村家庭教育现状分析

简阳市宏缘乡九年义务教育学校 邓 容

父母是孩子的第一任教师,家庭是孩子的第一所学校,学校教育和社会教育都必须以家庭教育为基础。良好的家庭教育甚至影响到国家的命运。随着现代经济的不断发展,虽然农村经济有所发展,国家的各种政策也对农村优惠,但是农村的家庭教育和城市的家庭教育差距越来越大。农村家庭教育现状分析如下。

一、家庭教育观念的缺失

很多家长现在还没有意识到家庭教育的重要性。他们普遍认为教育是学校的事,是老师的事。他们只需要每学期在固定的时间送孩子去到学校就万事大吉了。还有的家长虽然意识到了家庭教育的重要性,但是缺乏相应的知识,最终的教育效果肯定也是差强人意的。尤其是这次疫情期间,这种表现最为明显,从学生在疫情后返校的状态分析,好的家庭教育和坏的家庭教育一目了然。农村地区大部分家长缺乏对学生的引导。

二、农村错误的教育观念

随着经济的不断发展,越来越多的人开始追求"金钱至上"的观念,认为金钱是万能的,秉持"读书无用论",让孩子小小年纪就一身"铜臭味"。我的一位学生由于长期不完成作业,作为班主任多次与学生交流无效的情况下，找家长到校沟通，想与之寻找良好的教育方法，希望形成家校的教育合力。但是家长却当着孩子面，做了一个惊人的决定：不用管他家孩子的作业，只要他在学校读完九年义务教育就可以了，等到18岁就出去打工挣钱。这种想法造成这位同学从此以后不再听从教师的教导，还经常与社会上的无业青年来往。

三、农村家长素质普遍较低

我所教的两个班级中大部分学生是"留守学生"，教育他们的不是自己的父母，而是祖父辈。这就造成了隔代教育，隔代教育的弊端就是无条件的"宠爱"。他们普遍认为让孩子吃好、穿好就是给了孩子最好的。过分娇惯，使孩子养成了唯我独尊的习惯，目中无人，不尊敬长辈。另外，即使是父母自己教育孩子，也没有形成良好的示范作用。我曾经多次家访，发现一个问题：家长的学历普遍偏低，有的家长甚至只是小学文凭，所以他们文化底蕴较差，他们的业余活动基本上都是娱乐游戏，比如打麻将，喝酒，耍手机等，从不看书看报，也不关注新闻时事，从而带给学生的是不良的示范作用。曾经遇到一位学生，因为母亲经常打牌，父亲经常在外务工不在家，再加上经济条件不好，最终离婚，导致该学生孤僻，内向，甚至从心理影响到生理的健康。

四、家庭教育简单粗暴

现在的农村家庭教育观念还停留在30年前，很多家长秉持"黄金棍下出好人"的棍棒式教育，动辄就打骂，或者以损害孩子的自尊为代价，从来没有关注孩子的情绪与情感。

五、家庭教育缺乏真正的关爱

中国经济虽然在不断发展，但是农村经济和城市经济还有很大的差距，所以很多农村人为了改善家庭的物质条件，选择在外务工，从而缺少对孩子的教育和陪伴。当出现问题时，缺乏及时的沟通，造成了亲情关系的不和谐。曾遇一家长，他从孩子一岁时就外出务工，直到孩子读初中的时候才选择回家自己照顾，这时他发现他的孩子已经非常叛逆，不听管教。在这样的情况下，他没有真正的关心他孩子叛逆的原因，也没有寻找解决这个问题的办法，而是选择直接放弃，然后毅然地生了二胎。

现在的农村家庭教育仍然还有很多问题，无论是教育观念还是教育方式，以及家长的素质和认识水平都存在问题。我认为，要改变中国的教育现状，首要任务是改变农村的教育。而改变农村教育的关键不仅在于农村师资力量的建设，更为重要的是提高农村家长的素质，形成家校合力。

春风再美也比不上沟通的微笑

——听傅国亮主任主题报告《新时代家庭教育的新要求与新举措》有感

成都市菱窠路小学　佘谨乘

如果把儿童比作一块大理石，又要把这块大理石塑造成一座雕像的话，需要家庭、学校、儿童所在的集体、儿童本人、书籍、偶然出现的因素这六位雕塑家。

——苏霍姆林斯基

今日，我有幸聆听了教育部关心下一代工作委员会常务副主任傅国亮在"文翁大讲堂"的主题报告——《新时代家庭教育的新要求与新举措》。作为已经有14年教育教学工作经历的班主任，我更深刻地认识到新时代家庭教育的重要性。

学校教育要实现促进学生"和谐的全面的发展"，离不开"两个教育者"——学校和家庭的密切联系和协调一致的配合。目前，教师与家长之间的沟通主要有两种形式：一种是以家长会、家长到校、书面通知等形式面向全体家长的沟通；另一种是以互访、书面或电话联系等方式针对某些孩子出现的具体问题所进行的个别沟通。具体怎么操作呢？接下来我将以家校联系本为例，分享几条我给家长的"使用说明"。

一、多种畅通有效的家校沟通渠道对孩子的成长非常重要

现在大多数家长都是双职工,而且在这个年龄段多是单位的中坚,很难有充裕的时间经常和老师沟通交流。但关注和了解孩子在学校的学习生活状况的愿望,相信很多家长从来没有像今天这么迫切。虽然他们也曾经利用课余与老师面对面交流,也曾通过电话了解孩子的情况,但仅仅这些,作为家长和老师还是感觉不够。因此,根据家长自身的情况和实际,选择有效地和学校沟通交流的方式,了解孩子生活学习情况,从而达到与孩子和谐相处,对孩子的成长非常重要。

例如,大部分家长平时工作比较繁忙,工作时间很难有机会和老师面对面交流,但有部分家长发现孩子的家校联系本虽然主要是记载孩子每天的功课情况,但由于它每天都在老师、孩子和家长之间传递的特性,便被赋予了新的内容:将家长、教师关心的问题和教育孩子的心得彼此交流,及时发现和处理孩子不良的学习和生活表现。利用好孩子的家校联系本,一样可以成为家校及时联系的又一桥梁。

实践中,老师和家长将孩子的学习表现和情绪变化等,言简意赅地写在本子上,每次都能得到家长和老师的回应。由于是通过笔谈的形式互相沟通,相对来说,交流得更理性,印象也更深刻,对孩子的鼓励更具有针对性和指导意义。

二、家长对待家校联系的态度和方法有可能影响孩子对待学习的态度和方法

孩子在这个阶段的学习,除了掌握课本的相关知识以外,学习态度和兴趣的培养,以及掌握适合自己个性的有效学习方法可能更为重要。因此,重视和利用好家校联系本这个环节,不仅是作为家长教育孩子的责任体现,而且也是培养孩子良好学习兴趣和习惯的重要一环。

因此,对于孩子家校联系本上每天所记载的内容,不管是课外家庭作

业，还是通知事项，作为家长，都应当要求孩子逐一理解每项内容的目的和要求，按照要求认真落实。家长对完成的效果做出适当的评价，比如批上"已完成""不错""真棒"等评语，鼓励孩子从小树立认真负责的学习习惯。如果家长将每天在家校联系本的签字当作是负担，简单地敷衍了事，不能对孩子的作业严格要求和给予客观基本的评价，甚至根本就没有检查也草草签字，难免会给孩子造成负面的影响，成为孩子学习和模仿的榜样。

三、重视家校联系可以了解和掌握孩子学习内容，延伸孩子的学习兴趣

现在的家长对孩子未来给予太多的期望，可能会因此忽略孩子最基本的知识和最应该掌握的东西。家校联系本其中一项基本内容便是要求孩子将老师当天布置的有关学习内容和作业要求记下来，而这些内容恰恰是孩子应该掌握的最基本的知识。家长通过逐一检查和督促，从而了解孩子学习内容和知识掌握情况。

在实践中，很多家长发现老师在孩子心目中的权威地位，所以按照家校联系本的内容督促和要求孩子相对要容易得多。因此，利用孩子这个心理，不管是给他们复（预）习功课，还是给孩子另"开小灶"，不仅能帮助孩子掌握新课标的基本要求，考察孩子当天功课完成的质量和效率，还能发现并培养孩子的其他兴趣，延伸和拓展其他相关知识的学习。而这一切，孩子的家校联系本也许都做了比较详细的要求，把握住这些要求，家长便能在润物无声中有的放矢地督促孩子学习。

春风再美也比不过沟通的微笑！当然，家校沟通的方式是多样的，每个老师可以根据沟通的内容、家长可根据自己具体情况来选择适合的方式。总之，家庭与学校融为一体，形成教育合力，才能更有助于孩子健康、快乐、全面地成长！